49

LA PREMIÈRE GUERRE MONDIALE

Photo de couverture
En 1916, sur le front français :
un soldat allemand allume la cigarette
d'un prisonnier britannique.

Source des documents photographiques
Archives Giunti/DR

Edition originale
Gianluca Formichi

Encadrés des pages 36, 60, 93, 120, 138 et 150 : Livio Vanzetto
Encadrés des pages 58 et 86 : Pietro Causarano

Responsable éditorial
Martine Prosper
Conception graphique
Bernard Van Geet

ISBN 2-203-61008-5

Dépôt légal : septembre 1993 ; D. 1993/0053/197

© 1993 Casterman — Giunti Gruppo Editoriale, Firenze.

MARIO ISNENGHI

LA PREMIÈRE
GUERRE MONDIALE

XXᴱ SIÈCLE

Traduction
Fabrice d'Almeida

casterman ■ GIUNTI

Chapitre 1

DE LA PAIX
À LA GUERRE

LUTTE POLITIQUE POUR L'HÉGÉMONIE EN EUROPE ET LA DOMINATION MARITIME, LUTTE ÉCONOMIQUE POUR LE CONTRÔLE DES MARCHÉS: LA PREMIÈRE GUERRE DE MASSE FORGE, DANS LES DIFFÉRENTS PAYS, UNE ÉPHÉMÈRE IDENTITÉ COLLECTIVE QUI VA ÊTRE SOUMISE À DES ÉPREUVES DÉCHIRANTES.

Les Balkans, la "poudrière de l'Europe", "l'attentat de Sarajevo"... sont des expressions polies par l'usage, des phrases toutes faites du sens commun. Des générations d'étudiants ont commencé là leur familiarisation avec la Première Guerre mondiale: cette dénomination est en elle-même significative, non exempte d'une certaine complaisance pour cet événement inédit et grandiose, à l'ère des records, des affaires et du spectacle.

Du reste, ces formules ne sont pas dénuées de tout fondement. Il suffit de prendre pour ce qu'il est le geste du nationaliste serbe qui tira sur l'héritier au trône du grand Empire austro-hongrois, multinational et plurilinguistique: une étincelle qui amorça des matières inflammables préexistantes, très instables et évidemment prêtes à exploser.

C'est au XIXᵉ siècle que plusieurs réveils nationaux se heurtent de front à l'Empire austro-hongrois de François-Joseph comme à un bastion, symbolique et matériel, qui nie le principe même de l'Etat-Nation. En fait, l'autodétermination des peuples sera un drapeau agité par nombre d'hommes, entre 1914 et le traité de Versailles (1919), contre les injustices anciennes ou récentes.

Dans la Russie révolutionnaire, Lénine, chef des bolcheviks, en fait un motif d'agitation et de revendication. Aux Etats-Unis, il devient le principe inspirateur des traités

L'empereur Guillaume II (quatrième à partir de la droite) assiste à un défilé en compagnie d'un groupe de généraux. En 1914, l'empire allemand dispose d'une armée supérieure en nombre à celles de ses adversaires, mais ses dirigeants n'ont pas la stature de Moltke et Roon, les généraux prussiens qui avaient écrasé les Autrichiens en 1866 et les Français en 1870. Lorsque les hostilités s'ouvrent de nouveau contre la France, l'état-major allemand croit en l'issue rapide d'une guerre de mouvement et confie que "tout sera fini pour Noël".

Unités de la marine de guerre britannique. La Grande-Bretagne s'enorgueillit d'une puissance navale séculaire. Elle dispose d'une flotte bien plus forte que celle de l'Allemagne : 185 croiseurs et cuirassés contre 97 pour l'Allemagne. Elle va toutefois très vite se rendre compte qu'elle se trouve face à un adversaire particulièrement aguerri et dangereux.

de paix grâce à Wilson, dirigeant d'un capitalisme à tendance humaniste qui sort pour la première fois du continent américain et affirme ses prétentions au leadership mondial. Les deux hommes-symboles ne pensaient certes pas la même chose mais ils entendaient, chacun à sa manière, en faisant appel aux grands horizons idéologiques et aux utopies universelles, secouer le vieux monde et contribuer à tout remettre en mouvement, les frontières politiques comme les mentalités collectives.

Suivant une voie parallèle et opposée à celle des tenants d'une transformation radicale de la carte politique et sociale de la vieille Europe, des forces et des institutions entrent en action au même moment. Au sein même des deux blocs militaires, elles s'approprient les idéologies novatrices pour stimuler efficacement la propagande de masse mais sans y croire. Plus que sur un quelconque nouvel ordre, elles s'arc-boutent sur la stabilité des hiérarchies, sociales et étatiques, et sur la solidité de la lire, du dollar, du franc ou du mark. Elles croient en la puissance économique et militaire. C'est une forme de réalisme, un système de valeurs qui a ses représentants dans tous les pays. En ressort une capacité à gouverner, à savoir canaliser, utiliser les espérances des "moralisateurs" de l'histoire et les sentiments du peuple.

Liberté et impérialisme, démocratie et expansionnisme militaire, guerre pour une "juste cause" et guerre de conquête trouvent ainsi — dans chacun des blocs et dans chacun des pays — un équilibre plus ou moins précaire. Et la guerre avance.

L'annonce par-delà les océans

Sur l'Atlantique, c'était une langoureuse nuit d'août. Les passagers de l'*Alphonse XIII* tardaient à regagner leurs cabines suffocantes. Le télégraphe ne recevait du monde que des nouvelles de routine. Soudain...

"L'annonce du conflit monstrueux passa à la même heure sur toutes les mers du monde. Les stations radiotélégraphiques ultrapuissantes se lançaient, les unes aux autres, la terrible nouvelle à travers les océans. Poldhin commença ; Glace Bay enchaîna et, quand elle l'atteignit, New York renvoya plus loin ; Buenos Aires et Cape Town étaient à l'écoute d'un autre hémisphère ; Aden, Hong-Kong, Yokohama transmettaient aux antipodes les paroles fatales. Huit mots :

« L'Allemagne déclare la guerre à la Russie. »

En vingt minutes, prodigieusement, le cri d'alarme a fait le tour de la terre, jeté de continent en continent par un héraut fabuleux. Dans la solitude sans limites de la navigation, des centaines et des centaines de navires l'ont entendu et ont pris peur. Aucun avis de cyclone n'avait jamais fait fuir tant de bateaux."

C'est ainsi qu'un célèbre journaliste, alors à bord d'un paquebot espagnol faisant route de l'Amérique vers l'Europe, décrit la foudroyante annonce délivrée par le télégraphe : la guerre européenne !

Ce navire est celui d'un pays neutre. Pour le moment, il se trouve en sécu-

La lutte pour le contrôle des mers devient brusquement un des caractères dominants du conflit ; elle prend dès le départ la forme d'une "guerre totale".

rité. Mais pour nombre d'autres bateaux, la terreur commence.

"À l'aube, sur l'horizon, s'est profilé au loin un transatlantique à deux cheminées. Il était en dehors des routes de navigation et déviait vers le sud. Il fuyait. Fuyait la France et l'Angleterre où il devait faire escale, fuyait l'Europe en armes ; il allait peut-être aux Baléares, avec son chargement d'hommes et de marchandises, pour trouver un refuge neutre. La terreur sur les mers venait de commencer."

Ci-dessus, un U-Boot (ainsi s'appellent les sous-marins allemands) arrête un transatlantique neutre pour vérifier qu'il n'est pas armé.
Ci-dessous : un navire de guerre anglais touché par une torpille. Avant la Première Guerre mondiale, les submersibles étaient pratiquement inconnus. On en ressentait intuitivement le potentiel, mais personne ne les avait encore utilisés pour des opérations de guerre.

Grâce à ce "coup de chance" professionnel, l'auteur de ce texte, qui fut parmi les premiers correspondants de guerre, a pu bénéficier d'un observatoire d'exception. La lutte pour le contrôle des mers s'affirme rapidement comme un caractère dominant de ce nouveau type de "guerre totale". Elle consiste à interrompre les relations commerciales, gêner le ravitaillement, imposer le blocus. La Grande-Bretagne et l'Allemagne vont y dépenser toute leur énergie d'ancienne et de nouvelle puissance maritime.

Les Etats-Unis entrent en guerre — après être restés longtemps suspendus entre partisans et opposants de l'intervention —, à la fois pour protéger leur commerce maritime et pour garantir les crédits accumulés.

Le naufrage du paquebot *Lusitania* (coulé par un sous-marin allemand le 7 mai 1915) constitue l'une des plus tragiques émotions collectives de l'époque, quelque chose de semblable à celle éprouvée pour le *Titanic*. La découverte que les civils peuvent être massacrés tout comme les militaires sera l'une des grandes occasions saisies par la propagande et l'opinion publique de l'Entente pour imprimer fortement à l'Allemagne une image de criminel.

Le naufrage du Lusitania, *dans un tableau d'Achille Beltrame pour le journal* Domenica del Corriere. *Le transatlantique fut torpillé par un U-Boot le 7 mai 1915, au sud-est des côtes irlandaises. Sur les 1959 passagers et les 702 hommes d'équipage, seuls 761 survécurent. La tragédie devait susciter une grande émotion dans le monde, et particulièrement aux Etats-Unis (115 citoyens américains se trouvaient parmi les victimes) qui se servirent de cet événement pour justifier leur intervention dans le conflit.*

L'invasion de la Belgique

Le journaliste qui, de Barcelone, a envoyé son reportage sur le brusque basculement de la paix à la guerre — vu de la position vulnérable et révélatrice d'un paquebot — s'appelle Luigi Barzini.

Sept ans plus tôt, il est devenu célèbre dans le monde entier avec son *Voyage de Pékin à Paris en soixante jours*. En automobile, au long de 16 000 kilomètres dont 12 000 pratiquement sans route, il a accompli son reportage. L'*Itala*, du prince romain Scipion Borghese, avec le mécanicien Ettore Guizzardi et Barzini, le chroniqueur du *Corriere della Sera*, a achevé victorieusement son extraordinaire aventure, organisée par le quotidien parisien *Le Matin*, avec vingt jours d'avance sur les voitures concurrentes. C'est le 10 août 1907 que l'arrivée à Paris s'effectue au son de la "Marche triomphale" d'*Aïda* et de la "Marche royale". Barzini a raconté presque en direct les péripéties de son voyage aux lecteurs de son

journal et à ceux du *Daily Telegraph*. Il les rassemble rapidement en un livre qui devient un best-seller international.

Habitué à se trouver au bon endroit au bon moment, Barzini se trouve encore aux premières loges pour vivre et raconter un autre mois d'août extraordinaire : celui de 1914 qui voit l'Europe civilisée de la Belle époque redécouvrir soudainement, avec étonnement et consternation, que la guerre est non seulement encore possible, mais plus destructrice que jamais. En abordant le continent, il se précipite à Paris, se déplace comme il le peut entre le nord-est de la

Luigi Barzini et le prince Scipion Borghese durant le raid Paris-Pékin, en 1907.
Ci-dessous, cette carte postale allemande illustre l'invasion de la Belgique : les troupes du Kaiser entrent dans la ville d'Anvers.

France et la Belgique. Là, il saisit véritablement le cœur du conflit européen. Il fait partie des observateurs de l'invasion de la Belgique par les troupes allemandes. Ces dernières accomplissent, au vu et au su de tous, la violation de la neutralité du petit pays. C'est un signe des temps, la marque d'un effondrement des valeurs humanitaires et pacifistes, une preuve flagrante du bellicisme allemand.

L'image de la petite Belgique envahie deviendra un des éléments décisifs — tant par les réactions spontanées de commisération que par un habile jeu de propa-

gande antiallemande — pour convaincre et s'autoconvaincre qu'il n'y a rien à faire : ou bien on se met en état de se défendre ou bien, tôt ou tard, on subira le joug du premier agresseur bafouant traités et usages. Pour qui possède le sens des réalités et ne se réfugie pas dans les brumes utopiques de paix ou de fraternité, il ne reste donc qu'à s'armer, résister, contre-attaquer. Les militaires n'avaient pas cessé de le penser et, avec eux, un grand nombre d'hommes politiques. Désormais, une bonne partie de la population commence aussi à se résigner à cette idée.

En France, l'affaire Dreyfus avait, quelques années auparavant, brisé le pays en deux camps, entre progressistes et militaristes, démocrates et antisémites, hommes de 1789 et partisans de la contre-révolution. Dreyfusards et antidreyfusards se retrouvent d'un coup unis du même côté de la barrière, contre l'envahisseur étranger. Et toutes les traditions historiques de la France (chrétienne et républicaine, des Lumières et du patriotisme) connaissent, au début de la guerre, un émouvant point d'union, hautement symbolique, dans la balle qui touche en pleine tête l'écrivain Charles Péguy, l'ancien dreyfusard, engagé volontaire.

Ci-dessus : la dégradation d'Alfred Dreyfus, officier issu d'une famille juive, accusé d'espionnage et condamné aux travaux forcés, en 1894. Cette affaire déchire les Français entre dreyfusards, souvent démocrates ou humanistes, et antidreyfusards, généralement monarchistes ou nationalistes. Dreyfus ne fut innocenté et réhabilité qu'en 1906. Ci-contre : sur une toile de Léveillé, les grands boulevards pavoisés sont envahis par une foule exultante à Paris, le 1er août 1914.

L'historiographie sur la Grande Guerre s'est concentrée pendant des années sur un problème essentiellement politique, celui des responsabilités du conflit. Cependant, malgré tous les efforts, la tentative de désigner le coupable dans le camp adverse n'a pas conduit à des résultats pleinement satisfaisants.

Cette situation de l'historiographie est en elle-même révélatrice des causes profondes qui ont mené au conflit : la défiance réciproque, l'instinct de survie. Chaque pays avait peur que son existence et son avenir ne soient menacés par les autres. Le vrai "coupable" se trouve dans cette atmosphère d'insécurité collective qui alourdit le climat européen dans la décennie qui va de 1905 à 1914. Elle finit par conditionner tout le monde, les Etats autoritaires comme les démocraties, la bourgeoisie comme le prolétariat, les militaristes comme les pacifistes.

Que s'est-il passé ? D'abord, la remise en cause du primat de l'Angleterre. Son dynamisme a fait d'elle, au XVIIe siècle, une superpuissance capable de garantir le respect des équilibres politico-diplomatiques mondiaux. Progressivement, des pays comme l'Allemagne ou les Etats-Unis se sont imposés sur la scène mondiale avec un potentiel économique et militaire compétitif. C'est pour cela que la Grande-Bretagne doit renoncer à son "splendide isolement" dans les années

1900. Elle signe d'abord l'Entente cordiale, avec la France en 1904, puis la Triple-Entente avec la France et la Russie. L'absence de puissance-guide ouvre potentiellement la course à la succession et favorise l'explosion de dangereuses crises internationales. La France et l'Allemagne s'affrontent ainsi directement à deux reprises, pour des questions coloniales (crises marocaines de 1905 et 1911).

La situation dans les Balkans est encore plus grave et complexe. L'irrésistible décadence de l'Empire ottoman crée un dangereux vide de pouvoir. La Serbie veut en profiter. Elle aspire à prendre la tête de l'irrédentisme slave et cherche à étendre ses propres frontières jusqu'à la mer Adriatique. C'est pourquoi elle entre en conflit avec l'Autriche qui, de son côté, veut aussi renforcer ses positions dans cette zone. L'annexion, en 1908, de la Bosnie-Herzégovine en témoigne.

Mais la péninsule balkanique suscite bien d'autres convoitises. La Russie intervient en faveur de son allié serbe contre son concurrent autrichien. L'Italie, quant à elle, manifeste des ambitions territoriales sur l'Istrie et la Dalmatie, en plus de celles sur Trieste et le Trentin. En 1912, elle s'est engagée dans une guerre en Libye et sur les îles du Dodécanèse contre l'Empire turc, qui subit au même moment l'offensive de la Ligue balkanique.

C'est précisément la énième crise balkanique qui offre, en juillet 1914, l'occasion d'un conflit armé entre Autriche et Serbie. Le prétexte en est l'assassinat de l'archiduc d'Autriche à Sarajevo. Cette confrontation aurait peut-être pu rester circonscrite localement si d'autres motifs de tension n'avaient alors miné les bases de la coexistence pacifique en Europe.

L'hostilité de la France envers l'Allemagne à cause de la perte

de l'Alsace et de la Lorraine remonte au temps de la défaite française de 1871. Elle est réactivée par les questions coloniales successives qui surgissent entre ces deux puissances continentales. L'Italie, de son côté, qui a souscrit à la Triple-Alliance avec l'Allemagne et l'Autriche, souhaite compléter son unité nationale au détriment de l'Empire austro-hongrois. Mais peut-être l'antagonisme le plus fort est-il celui qui oppose l'Angleterre à l'Allemagne. La Grande-Bretagne voit avec une inquiétude croissante la capacité de pénétration allemande sur les marchés internationaux et cherche à l'endiguer en proposant des accords, rejetés régulièrement, pour ralentir l'accroissement des deux flottes militaire et commerciale. Le renforcement de systèmes d'alliances hostiles et l'accélé-

ration de la course aux armements sont la conséquence logique de l'instauration de ce climat politique de grande tension. Ce renforcement exacerbe à son tour les tensions. Certains groupes industriels, indubitablement intéressés par un essor de leur production et de leurs profits, poussent aussi de leur côté à cette course aux armements. La guerre pouvait-elle être évitée ? Seule une action politique décisive, capable de rendre confiance dans les rapports internationaux et de secouer le climat de suspicion, aurait pu l'arrêter. Mais nul n'allait dans cette direction. Le renforcement des idéologies nationalistes, que les classes bourgeoises dirigeantes avaient réussi à implanter dans de larges secteurs des classes moyennes, n'a pas contribué à calmer les esprits. Il finit par dégénérer sous la forme du chauvinisme, du racisme et de l'agressivité impérialiste. Par ailleurs, l'internationalisme et le pacifisme de la classe ouvrière contrôlée par les partis de gauche ont été vus et perçus par les classes dirigeantes comme inextricablement liés aux aspirations révolutionnaires du prolétariat. En ce sens, ils mettaient en danger la stabilité de la société. Dans les premières

années du XXe siècle, en fait, différents motifs de tension subsistent et, dans certains cas, s'accroissent entre les diverses classes sociales. Là aussi, chacun se sent menacé et personne n'est en mesure de proposer une solution globale aux problèmes posés par la société de masse.
Dans ce contexte, pour nombre d'hommes, la guerre est un moindre mal, une voie obligée pour tenter de résoudre les contradictions existantes. Et pas seulement les conservateurs, qui voient là l'occasion propice de rétablir l'ordre d'une poigne de fer. Certains progressistes sont également persuadés que le conflit finira par exaspérer les tensions au point de favoriser une maturation de la conscience de classe du prolétariat et son accession au pouvoir.
Ainsi, à la veille de 1914, presque personne, ni parmi les peuples, ni parmi les gouvernements, ne veut vraiment la guerre, mais, de la même façon, personne n'est disposé à croire fermement en la paix dans les relations internationales comme dans les rapports sociaux. Jusqu'au moment où la guerre finit par éclater… ■

*Ci-dessus : l'affiche d'une revue nationaliste française qui prône "la Revanche" contre l'Allemagne.
A gauche : Sarajevo dévastée par des manifestants autrichiens après l'attentat contre l'archiduc François-Ferdinand, le 28 juin 1914.*

GROENLAND
(DANEMARK)

ISLANDE
(DANEMARK)

ALASKA
(USA)

C A N A D A

ROYAUME
UNI
PAY
BELGI
FI

Terre-Neuve

St-Pierre et Miquelon

O C É A N

OCÉAN

PORTUGAL ESPAGN

Açores

Gibraltar

Bermudes

Madère

MAROC

U S A

Canaries

RIO DE ORO

Hawaï

Bahamas

MEXIQUE

CUBA

HONDURAS
BRITANNIQUE
HONDURAS

Jamaïque

SAINT DOMINGUE

Porto Rico

A

O

GUATEMALA
SAN SALVADOR

NICARAGUA

HAÏTI

Guadeloupe

Martinique

Trinité

Cap Vert

GAMBIE

COSTA RICA

Curaçao

GUYANE BRITANNIQUE

GUINÉE PORTUGAISE

PANAMA

COLOMBIE

VENEZUELA

SURINAM

GUYANE
FRANÇAISE

SIERRA LEONE

LIBERIA

CÔTE DE L'OR

Zone du canal de Panama

Équateur

ÉQUATEUR

Ascension

GUINÉE

Marquises

PÉROU

B R É S I L

Société

Tuamotu

BOLIVIE

Ste-Hélène

Tahiti

Cook

PARAGUAY

Pitcairn

A T L A N T I Q U E

C
H
I
L
I

A
R
G
E
N
T
I
N
E

URUGUAY

P A C I F I Q U E

Falklands

Royaume-Uni et zone d'influence

France et zone d'influence

Pays-Bas et possessions

Italie et possessions

Espagne et possessions

Portugal et possessions

EMPIRE RUSSE

EMPIRE CHINOIS

Aléoutiennes

Kouriles

CORÉE

JAPON

OCÉAN

PIRE
TRO-
ROIS

BULGARIE

EMPIRE
Dodécanèse

alte

Chypre OTTOMAN PERSE AFGHANISTAN

KOWEIT

TIBET

EMPIRE

BOUTHAN

NÉPAL
DES

Chandernagor

Hong-Kong
Macao

Taiwan

Midway

Wake

IE

ÉGYPTE

OMAN

Diu

INDES

Hainan

Mariannes
(ALLEMAGNE)

Guam

Marshall

SOUDAN

ANGLO-
ÉGYPTIEN

ÉRYTHRÉE ADEN

DJIBOUTI

ÉTHIOPIE

SOMALIE BRITANNIQUE

SOMALIE
ITALIENNE

Socotra

Goa

Mahé

Pondichéry

Karikal

Ceylan

SIAM

INDOCHINE

PHILIPPINES
(USA)

Carolines

Maldives

OCÉAN

SARAWAK

MALAISIE

Singapour

PACIFIQUE

OUGANDA

CONGO
BELGE

AFRIQUE
ORIENTALE
BRITANNIQUE

AFRIQUE
ORIENTALE
ALLEMANDE

Comores

INDES NÉERLANDAISES

Seychelles

Zanzibar

Amirantes

Chagos

Timor

NOUVELLE-
GUINÉE

(AUSTRALIE)

Archipel
Bismarck

Salomon

OLA

RHODÉSIE
DU NORD

RHODÉSIE
DU SUD

BECHUANA-
LAND

MOZAMBIQUE

MADAGASCAR

Maurice

Réunion

INDIEN

AUSTRALIE

Nouvelle-
Calédonie

UNION
SUD-
AFRICAINE

SWAZILAND

BASUTOLAND

NOUVELLE-
ZÉLANDE

Tasmanie

	USA et dépendances
	Japon et dépendances
	Empires centraux
	Possessions allemandes
✱	Protectorats
◑	Dominions

Les troupes françaises quittent Paris pour le front. Comme les Allemands, les Français sont persuadés que la guerre sera courte et qu'ils rentreront chez eux à l'automne.
Ci-dessous : la proclamation dramatique du général Gallieni, gouverneur militaire de Paris, le 3 septembre 1914.
Les Allemands sont aux portes de la capitale française. Quelques jours plus tard, ils seront arrêtés et repoussés lors de la bataille de la Marne.

La guerre vue de Paris

En septembre, sur les grands boulevards et sur les places, les Parisiens ont désormais appris l'heure du *Taube* et l'attendent avec curiosité.

"Avec une ponctualité germanique, à cinq heures et demie, l'avion ennemi se profilait à haute altitude au-dessus de Montmartre, avançait vers Notre-Dame pour ensuite s'en retourner en faisant un grand tour sur la métropole. On disait "l'heure du *Taube*" comme on disait "l'heure du thé". C'était le "five o' clock *Taube*". Les journaux, sous un titre fixe, avaient créé une rubrique permanente du vol allemand, une espèce de bulletin quotidien. « Le *Taube* hier soir est apparu à cinq heures vingt-cinq dans la direction nord-nord-est... »"

Ressentant et accompagnant les rapides changements psychologiques induits par l'état de guerre, le journaliste décrit, dans ses correspondances de guerre sur les civils, comment la foule passe de la peur pour l'étrange objet volant au-dessus des têtes à un sentiment de curio-

GOUVERNEMENT MILITAIRE DE PARIS

Armée de Paris,
Habitants de Paris,

Les Membres du Gouvernement de la République ont quitté Paris pour donner une impulsion nouvelle à la défense nationale.

J'ai reçu le mandat de défendre Paris contre l'envahisseur.

Ce mandat, je le remplirai jusqu'au bout.

Paris, le 3 Septembre 1914.

Le Gouverneur Militaire de Paris,
Commandant l'Armée de Paris,

GALLIÉNI

LES **PESSIMISTES**
IL EST DANGEREUX
DE S'APPROCHER DES PERSONNES ENFERMÉES
DANS CETTE ENCEINTE
IL EST DÉFENDU DE LEUR ADRESSER LA PAROLE

sité, puis même d'affection pour un spectacle qui se poursuit et devient habituel. Certes, ce pigeon (*Taube*, en allemand), qui devient ironiquement la "taupe" en français, finit par être accepté comme un nouvel élément du paysage, tant qu'il se limite à faire ses évolutions sans lâcher de bombe.

La scène change du tout au tout dans les pages que l'académicien Jacques Bainville consacre aux mêmes incursions aériennes sur la capitale française. Il y voit l'œuvre de barbares qui ne sont plus les Allemands ni même les "boches" — le petit nom méprisant dont les patriotes français désignent "l'ennemi héréditaire" —, mais qui deviennent sans nuance "les Goths qui bombardent Paris" : les Goths, quelque chose de barbare et d'inhumain qui n'hésite pas à frapper un des berceaux de la civilisation ; bien plus, en le faisant, ils réaffirment leur comportement bestial.

Avec des pages comme celles-ci — elles datent de 1918, mais le processus d'animalisation de l'ennemi commence immédiatement de part et d'autre —, nous sommes déjà dans le territoire mental de la simplification et du manichéisme d'une guerre, remplie de monstres et de perversions chez "les autres", d'idéaux sacrés et de droits indiscutables "chez nous".

Ce dessin français montre le climat de ferveur patriotique pendant la première année de guerre : enthousiasme et confiance dans la victoire. Les pessimistes, eux, sont mis au pilori.

Des soldats allemands en partance pour le front. En 1914, on retrouve souvent la même scène dans les deux camps : le départ de jeunes conscrits et de volontaires en liesse, accompagnés par une foule de parents, d'amis, de fiancées qui les applaudissent.

Plusieurs guerres en une

La Première Guerre mondiale n'est pas réductible à une seule cause. Nous avons déjà vu affleurer l'image criminelle de l'Allemagne militariste et expansionniste, qui a "voulu" et sciemment imposé l'épreuve de force, de concert avec son allié austro-hongrois, à un ensemble de pays pacifiques et (plus ou moins !) démocratiques, animés du seul souhait de continuer sur la voie prospère et paisible du progrès et de l'évolution.

Cette vertueuse opposition frontale entre le bien et le mal, ce sentiment d'être parmi les justes et de mener une sacro-sainte guerre de défense contre un agresseur extérieur ne sont guère éloignés de ce que les classes dirigeantes des Empires centraux font en sorte de diffuser parmi leurs sujets. L'assaut pour le pouvoir mondial, vu par nombre d'honnêtes citoyens allemands, devient une noble guerre de défense de la jeune Allemagne soumise à l'encerclement des vieilles puissances hégémoniques — particulièrement la Grande-Bretagne.

Celles-ci cherchent à perpétuer des équilibres économiques, poli-

tiques et militaires qui ont pour résultat d'étouffer la jeune nation en pleine expansion qu'est l'empire de Guillaume II.

La première guerre de masse de l'histoire pose à tous les gouvernements des problèmes neufs difficilement solubles. L'armée de métier — assez restreinte — pouvait dans le passé faire des guerres limitées, au nom de la solde, d'un sentiment de professionnalisme plus ou moins prononcé et de l'honneur militaire. Les millions de citoyens — paysans, ouvriers, commerçants, avocats ou étudiants —, transformés d'un coup en soldats dès l'ordre de mobilisation générale, ont eux bien plus besoin de se nourrir de raisons et d'illusions. Ils combattent mieux s'ils se sentent dans leur droit. Naturellement, ni la discipline, ni, à plus forte raison, le patriotisme et le sens de l'identité nationale ne peuvent s'improviser. Pays par pays, classe par classe, la propagande de guerre a d'autant plus de succès si elle s'appuie sur le socle d'une précédente éducation collective.

Affrontement impérial pour l'hégémonie en Europe et pour la domination des mers, la confrontation militaire entre le bloc de l'Entente et le bloc des Empires centraux est aussi un âpre conflit économique pour le contrôle des marchés et, simultanément, l'occasion d'une lutte pour un ensemble composite de revendications, nationales, coloniales, territoriales. L'ouverture des opérations militaires remet tout en mouvement et semble rendre possible la réalisation d'aspirations et d'objectifs anciens ou nouveaux. Les Etats, les gouvernements, les partis politiques, les institutions et mouvements culturels, les églises, la presse, les philosophes et maîtres à penser interviennent — chacun à leur façon et comme ils le peuvent — dans la tentative de finaliser et de donner un sens à la guerre : prétextes, valeurs,

Cette carte (ci-dessous) et cette affiche (en regard) expriment les sentiments allemands dans la confrontation avec l'ennemi. On y voit l'Allemagne persécutée et calomniée par ses adversaires. L'affiche dénonce : "Le but des Anglais : fermé par manque de travail." Sur la carte intitulée "Nous les barbares !", des données économiques et culturelles (analphabétisme, revenu par tête, bilan sanitaire, œuvres sociales, prix Nobel, etc.) permettent de comparer la France, l'Angleterre et l'Allemagne pour faire ressortir la suprématie allemande dans tous les domaines.

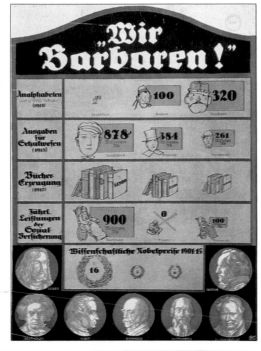

objectifs. En effet, les autorités se gardent bien de trop préciser, officiellement, leurs buts de guerre respectifs. Dans le magma d'ensemble, chacun peut ainsi chercher à délimiter "sa" guerre, en ignorant volontiers celle des autres : d'abord les motifs de ses adversaires qui pourront être mieux diabolisés et exclus de la communauté humaine au sens propre ; ensuite, ceux des Alliés. Ce n'est pas sans raison que la coordination militaire — même entre Français et Anglais qui combattaient sur le même sol — se heurta à une série de préventions et de susceptibilités nationales.

Cette tendance de chaque pays à travailler pour lui-même a laissé des traces dans l'historiographie. Il n'est pas rare, encore aujourd'hui, que l'on "oublie" certains fronts...

Une gigantesque nébuleuse, composée de professions de foi, d'assertions idéologiques, de promesses politiques et sociales auxquelles bien des acteurs ont participé, de bonne ou de mauvaise foi, sur le plan public et sur le plan privé, s'est ainsi constituée. Tandis que la confrontation militaire procède selon une logique interne, les dettes s'accumulent — promesses territoriales, sociales ou idéales —, rendant plus difficiles encore la paix et l'après-guerre.

ANARCHIE SOCIALE ET ORDRE MILITAIRE

Intellectuel perspicace, Giovanni Boine a collaboré avant guerre à quelques-unes des plus influentes revues culturelles italiennes. L'une d'elles, la Voce de Florence, *lui demande d'écrire, en 1914, un petit ouvrage sur l'armée. C'est ainsi qu'il rédige les* Discorsi militari *(Discours militaires). Admirateur de Joseph de Maistre et de Joseph de Gobineau, l'auteur donne ici libre cours à sa nostalgie du passé et à sa critique de la démocratie : contre la gangrène de la lutte des classes, l'armée est l'unique frein et, si cela ne suffit pas, il faut la guerre.*

"Mais, au milieu de l'anarchie des passions sociales, entre la lutte des intérêts et la lutte des classes qui font perdre le sens des directions idéales, L'ARMÉE EST PAR-DESSUS TOUT, EN PARTICULIER DANS LES NATIONS MODERNES, UN GÉNÉRATEUR D'ORDRE. Partout, on demande la règle et l'ordre ; on ressent le besoin d'ordre (...). Mais l'ordre, dont la société a besoin et dont notre époque a encore la force, c'est celui qui est généré par une seule idée supérieure : la patrie. Que la guerre survienne et toutes les autres voix se taisent dans la nation ; la nation divisée se fond, se tend vers une seule chose, elle est attentive comme un seul homme, anxieuse de ce qui va se passer ; elle se retrouve, consentante, en un seul sentiment, un seul désir des plus intenses... LA NATION SE RECONNAÎT." ■

Giovanni Boine, *Discorsi militari*, Libreria della Voce (1914), Florence, 1915, pp. 100 & 102.

L'effondrement de l'Internationale

Les classes dirigeantes — qu'elles soient aristocratiques ou bourgeoises, monarchistes ou républicaines — ont cependant obtenu une victoire, depuis l'esquisse brutale du conflit : la deuxième Internationale s'est effondrée. Comme dans un rêve (ou un cauchemar), le prolétariat international, "sans patrie", aurait dû imposer la paix aux divers gouvernement nationaux, par la force de son unité politique de classe au-delà des frontières.

Il s'agissait d'une noble utopie, d'un saut qualitatif dans l'histoire du monde, ou, pour certains, d'une ignoble trahison perpétrée au nom de Karl Marx par des générations de travailleurs socialistes en France, en Allemagne et dans tous les pays industrialisés. Le rêve de grandeur de la social-démocratie n'aura ni la force ni même la tentation de se traduire en acte. La nation, qu'elle soit monarchique ou républicaine, et l'Etat, qu'il soit autoritaire ou libéral, démontrent en 1914 qu'ils ont plus d'armes, matérielles et psychologiques, institutionnelles et sociales, pour orienter les comportements de masse. Dans les Etats-Nations, Allemagne, France et Russie, et auprès des différents peuples en ébullition de l'Empire austro-hongrois, la mobilisation s'accomplit. Qu'ils applaudissent ou qu'ils jurent, qu'ils entonnent les hym-

Une carte postale anglaise de propagande pour l'enrôlement des volontaires.

STEP INTO YOUR PLACE

Manifestation interventionniste à Milan, le 15 mai 1915.
Le troisième à droite, avec les moustaches et la canne, n'est autre que le jeune Benito Mussolini.
En regard: le leader socialiste Jean Jaurès, fondateur du journal L'Humanité, *peint par Jean Veber durant une intervention à la Chambre des députés.*

nes à la patrie ou se taisent par résignation, les prolétaires abandonnent champs et usines pour endosser l'uniforme, d'un bout à l'autre de l'Europe.

Pour les adversaires les plus résolus de la lutte des classes et du mouvement ouvrier, cette preuve victorieuse de la force et de la volonté de l'Etat serait peut-être suffisante pour légitimer la guerre. Et ils étaient nombreux, ces théoriciens de la guerre pour la guerre, comme antidote à la lutte des classes, pour la recomposition forcée du corps social, véritable prérogative de tous les pouvoirs dirigeants. Pour ceux qui raisonnent en ces termes, la guerre se fait essentiellement pour des raisons de politique intérieure, ce qui signifie qu'un ennemi étranger en vaut un autre et que les objectifs territoriaux constituent un alibi et sont interchangeables.

Ces processus de rassemblement et de recomposition du corps social ne sont pas indolores. A côté des chefs socialistes qui acceptent de "couvrir à gauche" les bonnes raisons de leur patrie et deviennent parfois ministres — comme cela se fait en France et plus marginalement en Italie —, il existe aussi des hommes comme Jean Jaurès: un point de référence pour les forces pacifistes, que les ultras français vont réussir à éliminer physiquement.

"Chacun le sait, M. Jaurès c'est l'Allemagne", avait décrété l'Action française, organe d'extrême droite, le 18 juillet 1914. Et le 31 juillet, Jaurès est assassiné. Le jour même qui précède la mobilisation générale. Citant l'exemple français avec arrogance, les ultracistes de l'interventionnisme italien menacent d'en faire autant aux défenseurs les plus acharnés de la neutralité — maintenue jusqu'en 1915: que ce soient les nationalistes de la nouvelle droite ou les repentis de la gauche parmi lesquels se détache le futur "Duce", Benito Mussolini, directeur de l'*Avanti*! jusqu'en octobre 1914, ardent belliciste à partir de novembre.

En France, deux mille personnes ont été préventivement fichées par le gouvernement : des anarchistes, des syndicalistes, certains socialistes. Au moment de la mobilisation, le Carnet B, qui en contenait la liste, prévoyait de les arrêter tous. Mais au cours de l'été, le ministre de l'Intérieur Louis Malvy estima ces mesures superflues, ce malgré une atmosphère d'excitation générale où le ministre de la Guerre Adolphe Messimy n'hésitait pas à réclamer la guillotine pour les opposants. "Le consensus était réalisé. Comme si le passé n'existait pas, un Comité de secours national se créa où siégeaient côte à côte des représentants des syndicalistes révolutionnaires dont Léon Jouhaux, le Secrétaire général de la CGT, des représentants du Parti socialiste, de l'Action française, de l'archevêché de Paris et la fille du nationaliste Paul Déroulède...

L'événement le plus symbolique fut toutefois les obsèques de Jaurès, le 4 août. Celui que l'on couvrait d'outrages moins de trois semaines auparavant fut transformé en héros national : non seulement les pouvoirs publics étaient là, conduits par le président du Conseil René Viviani qui avait été socialiste il n'y avait pas si longtemps, mais aussi les représentants des organisations nationalistes, Maurice Barrès, le président de la Ligue des Patriotes, en tête. Un discours retint particulièrement l'attention, celui de Jouhaux célébrant Jaurès — qu'il n'aimait guère de son vivant —, mais surtout jetant à l'immense foule : « Nous serons les soldats de la liberté... »." ∎

Jean-Jacques Becker, La France en guerre, 1914-1918, Editions Complexe, Bruxelles, 1988, p. 29.

Un groupe de condamnés aux travaux forcés lors des troubles de 1916 en Allemagne. Le troisième à gauche est Karl Liebknecht.

Au sein de la social-démocratie allemande, parti-phare de l'Internationale, la majorité des membres ont été convaincus par les raisons de l'Union sacrée, mais les dirigeants qui s'y sont opposés, Karl Liebknecht ou Rosa Luxemburg, connaissent la prison et les persécutions pendant les années de guerre. Ils finiront abattus lors des convulsions révolutionnaires et contre-révolutionnaires de l'après-guerre.

LES FRÈRES MANN

Les réactions et les destins de ces deux frères écrivains ont divergé face à la Première Guerre mondiale. Thomas Mann se sent plus allemand que jamais. Il accuse Heinrich de raisonner comme un fils de la "civilisation" française, opposée à la "Kultur" germanique. En réalité, Heinrich Mann va bien au-delà en adoptant, par réaction, des positions politiques de gauche. A l'inverse, Thomas, qui deviendra plus tard libéral et antinazi, n'a jamais été aussi proche des positions nationalistes et autoritaires. Dans le passage suivant, tiré d'une lettre du 7 août 1914, il explique à son frère : "Il me semble encore rêver : cependant, maintenant, on devrait éprouver de la honte de ne pas avoir cru possible et de ne pas avoir vu que la catastrophe devait bien venir. Quel malheur ! A quoi ressemblera l'Europe, de l'intérieur et de l'extérieur, quand tout sera fini ? (...) Ne faut-il pas être reconnaissant de la chance, totalement inattendue, de pouvoir assister à d'aussi grandes choses ? Mon sentiment fondamental est une immense curiosité, et, je le confesse, la plus profonde sympathie pour cette Allemagne détestée, si lourde d'énigmes et de destins qui, si elle n'a pas jusqu'à présent considéré la "civilisation" comme le plus haut de tous les biens, s'apprête à briser le plus abject Etat policier du monde." ∎

Thomas Mann, *Epistolario 1889-1936*, écrits réunis par L. Mazzuchetti, Mondadori, Milan, 1963, p. 160.

LES ALLIANCES À LA VEILLE DE LA GUERRE

- Membres de la Triple-Alliance
- Alliés de la Triple-Alliance
- Membres de la Triple-Entente
- Alliés de la Triple-Entente
- Pays neutres

0 km 500

MER DU NORD

NORVÈGE

SUÈDE

MER BALTIQUE

ROYAUME-UNI

DANEMARK

EMPIRE

Londres

PAYS-BAS

Berlin

Varsovie

RUSSE

Bruxelles
BELGIQUE

ALLEMAGNE

Kiev

Paris

LUXEMBOURG

FRANCE

SUISSE

EMPIRE

Vienne

Budapest

AUSTRO-HONGROIS

Belgrade

ROUMANIE

Bucarest

PORTUGAL

Lisbonne

Madrid

ESPAGNE

ITALIE

Sarajevo

SERBIE

MONTENEGRO

BULGARIE

Sofia

Constantinople

Rome

Tirana
ALBANIE

GRÈCE

EMPIRE

MER

Athènes

OTTOMAN

(ESPAGNE)

MÉDITERRANÉE

DODÉCANÈSE
(ITALIE)

(F R A N C E)

MALTE
(ROYAUME-UNI)

St-Petersbourg

La "communauté d'août"

Les témoignages du temps et, plus tard, les historiens de cette guerre ont désigné comme un moment unique et inoubliable ces journées d'août 1914, pendant lesquelles s'accomplit le passage de la paix à la guerre et l'entrée des pays européens dans un quadriennat destructeur. Romans, poésies, photographies, films, chansons, témoignages épistolaires et mémoires concordent pour décrire ce climat d'attente et d'ivresse, d'excitation et d'entraînement collectif: les mêmes rassemblements de foule agitant des drapeaux sur les places, avec musique et parades militaires; les mêmes départs de trains bondés de soldats, avec des civils qui applaudissent dans les gares et le long des voies ferrées; les chants, les effusions, les baisers, les bons vœux sont absolument les mêmes d'un camp à l'autre, entre les "boches" ou contre les "boches", avec les casques à pointe ou avec les pantalons garance. Il s'agit d'une période assez courte, faite d'oubli et d'illusions, aux frontières entre le monde de la guerre et de la paix, et vouée à disparaître dès les premiers coups de canon et la réalité des premiers morts ; pourtant cette période est restée gravée dans la conscience et la mémoire de ceux qui "y étaient".

Naissent alors une camaraderie, une fraternité de générations, une communauté de destins que la boue des tranchées se chargera de solidifier entre les soldats (qui survivront), affaiblissant, en revanche, le sentiment d'union plus éphémère avec les civils. A leur encontre se développera très rapidement la rancœur de celui qui "risque

Un moment de ferveur unique et inoubliable : tel sera le souvenir des journées d'août 1914, au cours desquelles on passe de la paix à la guerre.

sa peau" opposé aux "embusqués" et, au-delà, aux riches engraissés par "les profits de guerre".

Ce sont là les étapes successives d'une identité collective secouée de brusques secousses et d'expériences déchirantes. Au début de la guerre, dans le bref espace d'une saison de vie, on a pu parler de l'émergence soudaine de la communauté d'août, durant laquelle l'individu parvenait à vivre en harmonie avec son temps et avec un vaste groupe de ses semblables, groupe dans lequel se diluaient les problèmes et les événements individuels. Sans opposer de résistance, le "moi" individuel se multipliait et, en même temps, se fondait en un vaste "nous" qui le rassurait et l'exaltait.

Ces deux affiches adverses (hongroise sur la page de gauche et anglaise ci-contre) montrent les sentiments identiques que la mobilisation provoque dans chaque camp.

*Une carte postale de 1915.
On y voit l'Italie, encore neutre,
courtisée assidûment par les
cinq puissances belligérantes :
Allemagne et Autriche-Hongrie
d'un côté ; France, Grande-
Bretagne et Russie de l'autre.
En regard, Gabriele D'Annunzio
(en haut) et la cérémonie
d'inauguration du monument
aux garibaldiens, à Gênes,
en mai 1915 (en bas).
Ce fut la première étape de
la tournée de propagande interventionniste du poète-prophète.*

L'Italie entre en action dix mois plus tard, après un débat déchirant entre interventionnistes et neutralistes, ralenti par la nécessité de se retirer de l'ancienne et impopulaire alliance avec l'Autriche-Hongrie et l'Allemagne. Le mois d'août 1914 fut remplacé, dans son cas, par le mois de mai 1915.

L'ivresse, le sens de l'union, pour quelques-uns le sentiment de s'échapper d'une normalité ennuyeuse et d'entrer solidairement dans un nouveau monde se manifestent néanmoins sous des formes analogues. Avec une expression fervente, pleine d'exaltation et de nostalgie, les fauteurs de guerre se prennent à le nommer dès cette époque "le mai radieux". Ils se retournent naturellement contre ceux, pourtant nombreux, qui continuent à se sentir étrangers à ce climat.

Il y a aussi ceux qui ne se résignent pas à attendre patiemment la conclusion des tractations secrètes en-

tre le gouvernement Salandra-Sonnino et les représentants des puissances déjà en guerre, toutes intéressées à avoir l'Italie dans leur camp ou, tout au moins, en position de non-belligérance.

Le premier à se déclarer en faveur de l'intervention (plus précisément de l'intervention aux côtés de la France) est le petit groupe actif des Républicains. Il continue,

Dans la mobilisation de l'opinion en vue de l'intervention italienne, le poète-prophète Gabriele D'Annunzio occupe une place d'importance. Entre le 12 et le 20 mai 1915, l'Italie passe d'une crise gouvernementale — l'interventionniste Salandra, chef de gouvernement, risque alors d'être remplacé par le neutraliste Giolitti — à la décision définitive d'entrer en guerre. A Rome, D'Annunzio prononce sept discours tous plus belliqueux et subversifs : contre Giolitti, contre le parlement, contre tous ceux qui ne le ressentent pas comme lui l'impérieuse nécessité de la guerre. En voici deux extraits, le premier du 12, le second du 13 mai :

"Non, nous ne sommes pas, nous ne voulons pas être un musée, un hôtel, une villégiature, un paysage repeint en bleu de Prusse pour les lunes de miel internationales, un marché abondant où tout se vend, s'achète, se fraude et se marchande.

(...) Cette valetaille abjecte [Giolitti et ses partisans] redoute les coups, craint les corrections, a peur des châtiments corporels. Je vous le recommande. Je voudrais pouvoir dire : je vous l'ordonne. Les plus brutaux d'entre vous auront bien mérité de la ville et du salut public. Formez des détachements,

formez des patrouilles civiques; et faites des rondes, disposez des postes, pour les piller, pour les capturer. Ne soyez pas une foule hurlante mais une milice vigilante." ■

Gabriele D'Annunzio, *Per la più grande Italia. Orazioni e messaggi*, Milan, Trèves, 1915.

tout comme une majeure partie de la gauche pourtant divisée, à voir dans la France l'incarnation historique des principes de liberté, d'égalité, de fraternité, de laïcité et de la République.

Pour des raisons idéologiques similaires, les partisans de la nouvelle droite nationaliste décident de se ranger dans l'autre camp, du côté d'un pays-guide comme l'Allemagne, mais finissent par accepter la seule guerre qui semble possible vu l'orientation des forces politiques et de l'opinion publique.

Dans le mouvement interventionniste de gauche, les six frères Garibaldi, tous neveux du grand Giuseppe Garibaldi, jouent un rôle de premier plan et se lancent dans la difficile entreprise de rénover la geste politique et militaire. Au nom de la "fraternité latine" et de la liberté, du progrès des peuples, ils recrutent des volontaires dès

1914. Ils réussissent ainsi à faire enrôler dans l'armée française plusieurs milliers d'hommes, sans doute pas les 30 ou 40 000 dont ils se sont prévalus. Cependant, à la méfiance et aux tracasseries du gouvernement italien, hostile à ces "subversifs" encombrants qui veulent faire de la politique par eux-mêmes, s'ajoutent quelques réserves de la part des Français.

La Légion garibaldienne, commandée par l'aîné des frères Peppino Garibaldi, ne pourra disposer que d'une partie des volontaires italiens recrutés, environ 3 000 hommes.

Quoi qu'il en soit, ces combattants volontaires sont le signe avant-coureur du choix d'un camp précis, que consacrera dans le sang la mort au combat pour la défense de la France de deux des jeunes frères Garibaldi, partis sur les traces de leur glorieux aïeul.

Grande manifestation interventionniste sur la place du Dôme à Milan, dans les premiers mois de 1915.

La déclaration de guerre de l'Autriche à la Serbie, le 28 juillet 1914, fait immédiatement jouer le mécanisme des alliances militaires : en quelques jours, le conflit s'étend d'un côté à l'Allemagne, alliée de l'Autriche, de l'autre à la Russie et à la France qui se rangent aux côtés de la Serbie. L'Italie, à l'inverse, proclame sa neutralité. C'est l'invasion par l'Allemagne d'un pays neutre comme la Belgique qui conduit l'Angleterre à entrer dans le conflit (4 août).

Le potentiel militaire des Etats belligérants est variable. L'Angleterre possède une incontestable supériorité sur mer, mais il faut tenir compte de la fragilité du géant russe. Le plan d'attaque allemand, prêt depuis des années, paraît en théorie simple et efficace. Conscients de ne pouvoir combattre simultanément sur deux fronts, les Allemands choisissent d'attaquer d'abord à l'ouest en tablant sur la lenteur de la mobilisation russe. Ils espèrent contraindre la France à la reddition en quelques se-

maines, puis concentrer toutes leurs forces sur le front oriental, contre les soldats du tsar. Mais la rapide manœuvre de débordement de l'armée française par le nord se heurte d'abord à une résistance belge

Le commandant en chef des forces françaises, le général Joffre (à droite). A gauche : des charrettes de munitions abandonnées par les Allemands à la bataille de la Marne. Sur la page de droite : la victoire allemande des lacs mazures.

FORCES EN PRÉSENCE (DONNÉES APPROXIMATIVES DE 1914)

	POPULATIONS (millions)	SOLDATS MOBILISABLES	SOLDATS	CUIRASSÉS	CROISEURS
ALLEMAGNE	65	850 000	5 000 000	40	57
AUTRICHE	50	450 000	3 000 000	16	12
FRANCE	40	700 000	4 000 000	28	34
GRANDE-BRETAGNE	45	250 000	1 000 000	64	121
RUSSIE	164	1 000 000	5 000 000	16	14
ITALIE (neutre jusqu'en 1916)	35	600 000	1 200 000	14	22
USA (neutres jusqu'en 1917)	92	150 000	—	37	35

imprévue. Après une série de succès partiels, qui les conduisent aux portes de Paris, les Allemands sont ensuite confrontés à une rapide réaction des troupes françaises qui, appuyées par un corps expéditionnaire britannique bien entraîné, réussissent à les stopper et à les repousser lors de la célèbre bataille de la Marne (5-9 septembre 1914). A la fin de l'année, après une série de batailles de mise en ordre, le front occidental se stabilise le long d'une ligne qui va rester grossièrement la même durant les trois années suivantes. C'en est fini de la guerre de mouvement et du plan Schlieffen. Une longue et épuisante guerre de positions commence. Les Allemands ont toutefois obtenu quelques résultats : le territoire qu'ils occupent, environ un dixième de la France, est situé dans une zone vitale pour l'économie française, avec les grandes usines du nord-est et la quasi-totalité des mines de fer et de charbon. Pendant ce temps, sur le front oriental, après une série initiale de mouvements rapides, la situation évolue lentement. Les Allemands parviennent à bloquer l'avance des troupes russes, qu'ils défont lors de la

sanglante bataille de Tannenberg, tandis que, dans le secteur sud-oriental, les Russes prennent le dessus sur les Austro-Hongrois, les contraignant à quitter la Galicie. Dans les deux cas, il ne s'agit pas d'actions décisives. Au sud, la Serbie continue à résister à la pression autrichienne. Belgrade ne sera occupée qu'en octobre 1915. L'entrée en guerre de la Turquie aux côtés des Empires centraux

(novembre 1914) ne va pas modifier fondamentalement la situation. De la même façon, la déclaration de guerre du Japon à l'Allemagne (23 août) aura de faibles conséquences sur l'échiquier européen. Les Japonais refusent d'envoyer des troupes sur le vieux continent et se limitent à occuper les colonies allemandes d'Extrême-Orient. ■

DÉCLARATIONS DE GUERRE EN 1914

■ **28 juillet** Autriche à Serbie ■ **1er août** Allemagne à Russie ■ **3 août** Allemagne à France ■ **4 août** Allemagne à Belgique ■ **4 août** Grande-Bretagne à Allemagne ■ **5 août** Montenegro à Autriche ■ **6 août** Autriche à Russie ■ **6 août** Serbie à Allemagne ■ **8 août** Montenegro à Allemagne ■ **12 août** France à Autriche ■ **12 août** Grande-Bretagne à Autriche ■ **23 août** Japon à Allemagne ■ **25 août** Japon à Autriche ■ **28 août** Autriche à Belgique ■ **4 novembre** Russie à Turquie ■ **4 novembre** Serbie à Turquie ■ **5 novembre** Grande-Bretagne à Turquie ■ **5 novembre** France à Turquie

Chapitre 2

LA GUERRE
MODERNE

TANDIS QUE LES INDUSTRIES AUGMENTENT RYTHMES DE TRAVAIL ET PRODUCTION, LES AUTORITÉS MILITAIRES SE DEMANDENT COMMENT "PROGRAMMER" CES MASSES DE SOLDATS JETÉS SANS PRÉPARATION DANS L'HORREUR DES TRANCHÉES, AU MILIEU DES BOMBES ET DES GAZ ASPHYXIANTS.

Vaste est le catalogue des armes nouvelles, qui font leur apparition ou bien se trouvent considérablement perfectionnées, et toujours plus puissantes sur les champs de bataille des Flandres et de la Galicie. Toutefois, quelques-unes sont rapidement apparues puis fixées dans la mémoire des peuples comme symboliques du premier grand conflit mondial. Il en va de même pour les techniques de guerre.

Un canon anglais de 12 pouces monté sur un affût ferroviaire à Meulte, pendant la bataille de la Somme en août 1916. La Première Guerre mondiale voit l'utilisation à grande échelle des armes les plus modernes et les plus puissantes, nées de technologies nouvelles. L'artillerie, en particulier, est dotée de gros calibres aux énormes capacités de destruction, y compris à longue distance. Son rôle est déterminant.

Technologies militaires

On peut les résumer ainsi : l'infanterie, la mitrailleuse, la tranchée. Une imposante documentation nous assure qu'elles constituent les facteurs dominants de cette guerre, tant du point de vue de la technique militaire proprement dite que de l'impact sur les sensibilités et le vécu de cette expérience sanguinaire.

L'infanterie, lente, pesante, si peu spectaculaire, se montre l'arme décisive. L'aviation frappe certes l'imagination des civils. Elle fait belle figure dans les images de propagande, flatte à la fois l'impatience des modernistes et la nostalgie des traditionalistes : les pilotes peuvent apparaître comme les nouveaux chevaliers des airs. Toutefois, les appareils que les industries de guerre sont alors à même de construire ne débouchent pas, en ter-

Ce tableau du Touring Club italien montre les différents types d'appareils aériens employés par les deux camps, avec leurs signes de reconnaissance. En 1914, l'aviation en est encore à ses balbutiements : onze années à peine se sont écoulées depuis que les frères Wright ont réussi à faire voler un biplan à moteur; sa première utilisation militaire n'a eu lieu que trois ans plus tôt. Plus légers dans l'air, les dirigeables, qui possèdent une grande autonomie de vol, vont jouer un rôle non négligeable (par contre, ils sont très vulnérables aux attaques incendiaires car gonflés à l'hydrogène).

mes d'efficacité et de quantité, sur des résultats tels qu'on puisse attribuer à cette arme prometteuse des fonctions autonomes et décisives.

Jusqu'alors, on avait bombardé au moyen de l'avion "seulement" les peuples colonisés. Désormais, même les habitants des villes européennes les plus proches du front font connaissance avec les bombes. On dénombre alors les premiers morts "aériens" et les premiers immeubles détruits.

Cependant, la capacité de feu et le potentiel destructeur d'un "coucou" maladroit sont encore bien loin de l'effrayante efficacité des "forteresses volantes" de la Seconde Guerre mondiale. Les triplans, biplans et premiers monoplans sont encore en grande partie détruits lors des vols d'entraînement et lors d'accidents occasionnels.

Il n'en reste pas moins vrai que ces prototypes, qui peuvent nous paraître vétustes et quasi inoffensifs, symbolisaient alors la pointe du progrès et de la modernité technologique, un vrai défi aux lois de la nature.

Il est nécessaire, là comme ailleurs, de faire la juste part entre la diversité du développement et les choix

des multiples pays en lutte. La France, pour rester dans le secteur de l'aviation, affecte au domaine des nouveaux armements un budget équivalent à 64 millions de francs : cela comparé aux 15 millions de l'empire d'Autriche-Hongrie représente un peu plus de quatre fois les dépenses du budget de fonctionnement italien.

Le résultat ? La France possède 1 150 avions quand l'Allemagne doit se contenter de 764 appareils, l'Autriche de 96, et que l'Angleterre et l'Italie disposent respectivement de 166 et 58 unités.

Quant à la marine, son rôle essentiel consiste à assurer ou contrecarrer les flux de fournitures. De véritables batailles navales opposent, toutefois, la flotte britannique à la flotte allemande (Helgoland, Coronel, les Dardanelles, Jutland, etc.). De leur côté, les flottes austro-hongroise et italienne passent la plus grande partie de la guerre à se neutraliser, et ce n'est qu'à la fin du conflit que les rapides vedettes italiennes se risqueront à couler les cuirassés ennemis.

Cependant, le rôle de la marine est celui d'un support structurellement nécessaire pour accomplir un effort militaire avant tout terrestre. Les ar-

Cuirassé français escortant les convois alliés en Méditerranée. Ci-dessous : un dirigeable italien ravitaille une vedette lance-torpilles en haute mer. Vouées à la lutte anti-sous-marine, les vedettes lance-torpilles, légères et silencieuses, ont été utilisées pour des actions risquées, y compris contre des navires de guerre.

mées de terre sont désormais considérablement mécanisées, bien entendu par rapport à l'époque et selon les niveaux d'industrialisation atteints par chacun des différents pays.

Fusils, grenades à main, lance-flammes, mitrailleuses, canons, armement du soldat et des unités, calibre

Ces soldats allemands du génie s'entraînent au maniement du lance-flammes. Ci-dessous, des artilleurs de marine, installés sur les rives de la Piave, s'apprêtent à ouvrir le feu sur les lignes ennemies avec une pièce de 152 mm.

et portée des pièces d'artillerie, disponibilité des réseaux routiers et ferroviaires et des moyens de communications... ne sont certes pas les mêmes pour tous les protagonistes.

L'Allemagne, la Grande-Bretagne, la France et les Etats-Unis, quand ils entrent en guerre, sont capables de mettre sur le terrain des armes plus avancées, des armées plus équipées et plus modernes. Outre son histoire et l'image qu'il se fait de lui-même et des autres, chaque peuple entre aussi en guerre avec son niveau

d'évolution du moment : évolution technique, économique et organisationnelle.

La vaste Russie est certes moins développée mais elle peut chercher à compenser ses retards techniques par le nombre d'hommes ; au début, l'Italie tente elle aussi de le faire, à son échelle : signe de cette croyance en un vaste potentiel humain, des chefs militaires exhortent leurs hommes à "rompre les barbelés ennemis avec leur poitrine"— à défaut de pinces coupantes ou de tubes explosifs.

Dans le même temps, la guerre elle-même devient une activité économique à part entière, offrant des incitations et un marché très sûr pour nombre de marchandises : dans un maillage toujours plus serré entre intérêt public et intérêt privé, initiative capitaliste et programmation centrale, esprit d'entreprise et contrôle de l'Etat. Les idéologues, économistes et politiciens "réalistes", ou de droite, se sont épuisés à le prédire dans l'avant-guerre, en prônant la constitution d'un débouché militaire.

A bord des avions, l'observateur, dont le rôle consiste à guetter et à photographier les lignes ennemies, manie aussi la mitrailleuse. En 1914, la France compte 134 pilotes possédant leur brevet. Ils seront au nombre de 8 000 à la fin de la guerre.

De fait, il s'agit bien de la "première guerre industrielle", constate l'historien Jean-Jacques Becker, dont le jugement dépasse le seul cas de la France. "Le vainqueur devait être celui qui serait capable de déverser sur l'adversaire une plus grande quantité d'obus, donc de les fabriquer, ainsi que les canons et les équipements de toutes sortes."

Rapidement, on s'aperçoit que toutes les prévisions sont dépassées. Un peu plus d'un mois après le déclenchement des hostilités, le ministre français de la Guerre Alexandre Millerand convoque les principaux industriels et leur fait part du fait que, dans les deux mois, les canons français seront à court de projectiles. Il faut donc réussir à en produire 100 000 par jour. La seule usine Citroën se voit commander un million de pièces. L'Etat anticipe les financements pour augmenter la puissance des entreprises existantes et pour en faire naître de nouvelles. Au cours de l'été 1915, l'objectif prévu est atteint, au prix d'une augmentation vertigineuse des rythmes de travail, de la productivité et des profits. A Toulouse, une usine de poudre à canon qui, avant la guerre, comptait 100 ouvriers passe à 4 000 dans le mois de juin 1914, monte à 20 000 une année plus tard et, au moment de l'armistice, en 1918, atteint jusqu'à 30 000 ouvriers.

La France est également poussée à cette accélération extrêmement rapide de la productivité par la nécessité de faire front à l'invasion allemande. D'autres pays ne sont pas autant sous pression dès le début du conflit. Cependant, le caractère industriel représente bien tout de suite le trait générique de cette guerre d'un type nouveau.

Mieux que les autres — et dans un domaine extra-économique —, les artistes futuristes ont su anticiper et propager avec un flair et un à-propos extraordinaires l'idée que la guerre établit une circularité et une continuité toujours plus rapides dans le cycle production-destruction. Tout, qu'il s'agisse de la vie des hommes ou de celle des machines, est soumis à un rythme très rapide de consommation et d'échange.

Filippo Tommaso Marinetti, dans ses manifestes et dans les publications où il explore la beauté de la technologie et la modernité "pantoclastique" de la guerre, exalte la terrifiante rapidité du feu de la mitrailleuse, chante l'énergie puissante de l'automitrailleuse, prophétise les prochaines guerres électriques, robotiques et chimiques. Les gaz, en effet, sont déjà entrés en action, provoquant des hécatombes tellement impressionnantes qu'ils seront mis au ban, aussitôt après la guerre, par la toute nouvelle Société des Nations.

Un imaginaire technologique prend forme. Il trouve ses chantres enthousiastes dans l'avant-garde futuriste, mouvement dont l'activité débordante lui permet d'être présent aussi bien en Italie, qu'en France ou en Russie. Les futuristes sont connus dans toute l'Europe, grâce à leur extraordinaire talent d'autopromotion et à des tournées de lancement. L'imaginaire technologique est aussi l'objet de calculs bien plus terre à terre de la part des militaires, des industriels et des politiciens : ceux qui gouvernent les rapports complexes de la grande machine militaire avec le nouvel arrière-pays économique et normatif nécessaire pour tourner à plein régime.

Un fantassin italien tué par les gaz avant d'avoir eu le temps de mettre son masque. Ci-dessous : Train blindé (1915), un tableau du peintre futuriste Gino Severini.

Leur rapport avec le caractère machiniste et "futuriste" de la guerre — lequel s'accentue à mesure que le conflit dure et s'aggrave au-delà des prévisions des experts — est moins éclatant et "poétique". Le saut qualitatif, très net par rapport aux guerres du XIXe siècle — brusquement vieillies et devenues presque pathétiques — existe donc pour eux aussi.

Ce sont des "ingénieurs" et des techniciens qui programment et dirigent la guerre d'en haut. Ils pensent la guerre-entreprise sur le plan des grands nombres. Pour eux, le "matériel humain" constitue seulement une des matières premières indispensables.

A côté, il y a pourtant des hommes. "Chair à canon" quand ils sont pris en masse, ils sont, pris individuellement, autant de personnes, de destins : un corps et une humanité uniques.

Soldats morts près des barbelés, dans une peinture de C. Nevinson.
Ci-dessous, des blessés anglais escortent un prisonnier allemand vers l'arrière.

Le tragique de la guerre — et principalement de ce nouveau type de guerre dans laquelle les victimes se comptent par millions et non plus par milliers — réside aussi dans cet indissoluble contraste entre l'unicité de chaque vie singulière et le caractère sériel, massif, porté par la dimension militaire.

LES PERTES MILITAIRES

Dans les seuls 40 premiers jours de la guerre, l'armée française perd un demi-million d'hommes. Ce chiffre terrible donne d'emblée le caractère inédit de cette première guerre de machines et de masses. Dans leur vaine tentative pour conquérir la place-forte de Verdun, les Allemands sacrifient 300 000 des leurs entre février et septembre 1916. Il en coûtera à peu près autant aux Fran-

çais. Entre juillet et septembre de la même année, les franco-britanniques passent à l'offensive. Sur la Somme, la grande bataille provoque une véritable hécatombe : 500 000 Allemands, 400 000 Anglais et 200 000 Français sont morts ou blessés.

Les batailles qui opposent, sur le front oriental, Austro-Allemands et Russes ainsi que celles du front austro-italien du Karst (*Carso*) sont aussi extrêmement sanguinaires.

A la fin du conflit, on dénombre 9 millions de morts et environ 6 millions de mutilés sur les 65 millions d'hommes mobilisés dans les différentes armées. ∎

La guerre de tranchées

Le lieu typique du soldat de masse est la tranchée. La Première Guerre mondiale est par définition une guerre de tranchées. Il n'y en avait jamais eu auparavant et il n'y en aura plus après, rien de semblable en tout cas.

La Seconde Guerre mondiale sera en fait caractérisée, non par l'immobilité, mais par le mouvement, sur terre, dans les airs ou sur mer. Il n'est pas surprenant que le char s'impose dans les années 1940 comme une arme stratégique décisive au sein de l'armée de terre. Avec l'un de ces puissants mais rapides mastodontes, dont les industries de guerre des deux camps sont capables d'augmenter continuellement la production et d'améliorer l'armement, un petit groupe d'hommes peut parcourir un vaste territoire, effectuer des incursions éclair, des déplacements d'une insoupçonnable agilité, disposer d'une redoutable puissance de feu. C'est un type de guerre agressif et particulièrement mobile, qui rend du poids à l'esprit d'initiative individuel et dans lequel chaque char peut offrir une protection à un groupe de fantassins en mouvement.

Un tank Mark IV embourbé dans les environs d'Arras. Le char d'assaut est une invention anglaise. Le premier modèle (1915) était un mastodonte inutilisable qui atteignait difficilement les 2 km/h. Finalement, en 1916, le Mark I, ancêtre du Mark IV, fut engagé dans la bataille de la Somme.

Inversement, ce n'est pas le mouvement, mais l'immobilisme quasi absolu qui caractérise la condition normale des fantassins de 1914-1918. La nature de cette guerre va de pair avec un type de soldat condamné à l'esprit grégaire et à la passivité, avec les vertus que cela suppose : soutenir la fatigue, attendre, résister.

Des journées et des nuits entières, au cours d'épuisants tours de garde en première ou en seconde ligne, un peloton, une compagnie, un bataillon pouvaient être contraints de vivre courbés dans une tranchée, protégés par quelques sacs de sable, un abri de bois, de pierre ou — des guetteurs dans les meilleurs cas — par un bouclier métallique avec une meurtrière.

Il existe des tranchées préparées avec temps et application, creusées à fond, "dans les règles de l'art", avec des emplacements cimentés pour la nourriture et les munitions, des puits pour l'eau, des abris pour dormir, des liaisons internes de tranchée à tranchée, des petits postes de secours : là, la vie quotidienne de la troupe peut se reconstituer, le soldat y recrée des rites et réinvente des habitudes.

Des tranchées de ce genre, on en trouve surtout sur les points névralgiques des différents fronts, là où les états-majors avaient, avant la guerre, pu prévoir le déroulement d'éventuels conflits militaires.

La chaîne des Alpes, par exemple, avait vu surgir depuis longtemps, sur les positions stratégiques dominant les vallées et les voies de communication, des tranchées mais aussi nombre de forts en ciment armé, munis de puissants canons et entourés de systèmes de fortification performants. Les limites et les contradictions internes de la Triple-Alliance — qui de 1882 à 1914 lia l'Empire d'Autriche-Hongrie et l'Italie (en sus de l'Allemagne) — sont évidentes lors-

Des soldats australiens tentent d'améliorer une tranchée sur le front français. La plupart des tranchées se réduisent à un simple fossé creusé à la va-vite, qui se remplit de boue dès les premières pluies.

que l'on observe la chaîne de forts édifiée dans les montagnes durant ce même temps de paix. L'Autriche a déjà mis en place son système de défense : elle se défie d'une alliée italienne dont les aspirations sur le Trentin et sur le territoire de Trieste sont bien connues. Celles-ci sont, de fait, les facteurs de déclenchement de cette guerre dans la guerre.

Nous disposons de témoignages effrayants sur les troubles psychologiques, les obsessions et les accès de folie chez des soldats de l'artillerie contraints, jour après jour, à une épuisante passivité et à une claustration aliénante dans les sombres galeries des forts, soumis au feu dévastateur des gros calibres des forteresses adverses, capables de pulvériser de gros murs de ciment et de projeter à des dizaines de mètres les pesantes coupoles d'acier.

Le lieutenant Fritz Weber décrit dans ses mémoires, avec une force terrifiante, les

Le fort de Pozzachio (Werk Valmorbia pour les Autrichiens), dans les Préalpes de Vénétie.

sentiments mêlés d'attente impuissante, de terreur face à l'anéantissement proche, éprouvés par lui-même et ses camarades reclus dans les casemates du Busa Verle : un fortin autrichien des confins du Trentin pilonné par les grosses pièces italiennes de Porta Manazzo et du Fort Verena, qui le dominent de cinq cents mètres sur la montagne d'en face.

DANS LE FORT DE BUSA VERLE

"**U**ne explosion terrible nous projette contre le coin brûlant, nous faisant rouler les uns sur les autres. Une fumée très dense monte à l'intérieur de la tourelle, tandis que les lampes s'éteignent. Dans le corridor de la batterie, il y a des bruits de course et des cris confus. A tâtons, nous cherchons l'appareil à oxygène et nous collons son embout entre les dents pour ne pas suffoquer. Agrippé à quelqu'un, je gagne l'escalier et descends précipitamment. Partout, de la fumée, des hurlements de terreur, des ombres qui vont dans toutes les directions. Nous courons vers la gauche, sautons au-dessus des bouts de fer, des gravats, des blocs de ciment.

Finalement, on arrive à la lumière, la lumière du jour ! Un cratère ouvert sur le ciel : voilà ce qu'est devenue la quatrième tourelle. Sa coupole n'existe plus, disparue. Un amas informe de tôle tordue, de barres d'acier racornies : ce sont les restes de la plate-forme. Au milieu, des membres humains sanguinolents, noircis par la fumée : ce sont les servants. Nous fuyons, pleins d'horreur. (...) La nuit, une patrouille trouve la volée du mortier détruit. Elle est couchée à soixante mètres de distance, derrière le fort. La coupole est cassée en deux parties : l'une a fini dans le fossé, l'autre repose renversée, comme une barque, sur le toit de la batterie. Plus de cent quintaux d'acier fracassés et

lancés au loin ! (...)
Le bombardement dure dix jours, pendant lesquels trois mille obus de 300 millimètres et au moins six mille de 280 ont pulvérisé la couverture et les cuirasses du fort. Nous nous sommes réfugiés dans les postes souterrains, gardant à portée les mitrailleuses et les grenades à main. Au milieu du vacarme et de la fumée du rhum et des cigarettes, la tête nous tourne. Nous avons peur. Le fort s'en va, morceau par morceau, et chaque heure nous réserve de nouvelles scènes de terreur. Seul l'alcool nous préserve de la folie." ■

Fritz Weber, *Tappe della disfatta*, Mursia, Milan, 1965, pp. 36-37.

En attendant l'assaut.
Les soldats utilisent le moindre
renfoncement pour se reposer.
Les uns cherchent à dormir,
les autres attendent simplement.
Chacun tente de dominer
la peur, fusil et masque à gaz
toujours à portée de main.

Quoi qu'il en soit, le gros de la troupe, à savoir l'infanterie des deux camps, ne connaissait même pas le confort de se sentir entouré de robustes murailles en ciment armé (confort tout à fait relatif pendant les duels d'artillerie "à coup de 280").

Pour le fantassin, rien de tout cela. Son corps nu est exposé, presque sans possibilité d'abri, à tous les types de coups : il peut se retrouver brusquement pulvérisé, sans avoir même eu le temps de sentir le grondement de l'obus qui explose, ou bien rester là, touché par le minuscule éclat ou la simple balle, dont l'impact, à peine visible, est pourtant mortel.

D'innombrables témoignages ont rendu compte de ce bouleversement du quotidien des hommes en guerre : les "tommies" britanniques, les "poilus" français, mais aussi leurs adversaires, exécrés et affublés de surnoms méprisants : "boches", "muc", "crucchi", "chiodi" (casque à pointe), "fritz", etc.

Des livres relatant ces faits vécus ont été écrits à chaud pour lancer à la face du monde un cri d'alarme virulent et dramatique. C'est le cas de l'œuvre de Henri Barbusse, *Le Feu*, achevé en décembre 1915, qui dépeint avec horreur les carnages des premiers mois de guerre. En italien, les écrits à l'intonation la plus proche pourraient être *Trincee* (Les Tranchées) de Carlo Salsa et *Viva Caporetto* (Vive Caporetto) de Kurt Suckert (plus connu sous le nom de Curzio Malaparte), ce dernier sur

les hommes des tranchées qui "font" Caporetto : il s'agit cependant de livres écrits après la guerre, dont la diffusion nationale et l'impact polémique sont incomparables avec le scandale suscité par *Le Feu*.

En dehors des œuvres de littérature, de témoignage et de dénonciation produites par des écrivains confirmés ou bien de circonstance, une énorme quantité de lettres ont été rédigées par des gens simples et bien souvent à peine alphabétisés. Ils racontent leur enfer, s'autocensurant fréquemment et, à l'inverse de l'âpre Barbusse, tendent souvent à modérer le ton, à ne pas tout dire, pour garder entières les illusions de ceux qui leur sont chers. Depuis peu, les historiens s'y intéressent et les utilisent comme sources principales de leurs recherches.

Autres aspects de la vie de tranchée. En haut : un emplacement bien équipé, muni d'un cadre métallique qui sert à protéger le soldat des rats. En bas : une tranchée envahie par l'eau et la boue.

Partout donc, dans les témoignages littéraires comme dans les étincelles de vie parcourant les simples lettres, la tranchée revient. Le plus souvent, elle ne se présente pas comme l'environnement efficace imaginé à partir des prototypes les plus fonctionnels. Il ne s'agit que d'un boudin creusé à ciel ouvert, serpentant dans la terre ou dans la roche, qui monte et descend, avance ou recule au gré des obstacles naturels, des attaques et

Voici le moment redouté entre tous : la sortie de la tranchée, à découvert, pour partir à l'assaut. Le risque d'être tué ou blessé est énorme. La blessure n'est pas moins à craindre que la mort car les secours n'arrivent pas toujours.
Ci-dessous : des soldats à l'attaque, vus par le dessinateur allemand Georg Grosz.

des contre-attaques. Si la tranchée est le lieu de l'immobilité passive dans lequel la notion de temps se dilue, elle est aussi le lieu d'une attente, anxieuse et excitée, de l'instant du danger suprême : l'instant de vérité, qui vient inéluctablement pour tous et qu'on ne peut éviter ; instant où les dernières pauvres protections du corps disparaissent d'un coup.

Les occupants de la tranchée reçoivent l'ordre de l'assaut. Ils doivent alors courir pesamment vers l'avant, vers une autre tranchée à occuper — celle de l'ennemi

—, d'où partent des rafales de mitrailleuses, des grenades à main, des coups de fusil et où les attend, pour ceux qui réussissent à l'atteindre, le féroce corps à corps final.

Le soldat de masse

Comment "programmer" des millions d'hommes pour qu'ils résistent à la sombre attente quotidienne et sachent subitement rassembler leurs forces, afin de passer de l'immobilité au mouvement, de la défense à l'attaque?

Des siècles de discipline militaire ont certes affiné les règles et les techniques d'entraînement pour façonner les hommes, une fois qu'on leur fait endosser l'uniforme et prendre une arme. Mais en 1914, les hauts commandements ainsi que les officiers en contact direct avec les troupes sont confrontés à toute une série de problèmes inédits.

Bien qu'elle ne s'y résolve qu'à un certain point du conflit, en 1916, la Grande-Bretagne elle-même entreprend de restructurer complètement les bases de son

Une recrue anglaise est soumise à un examen de vue. Avant 1916 et l'introduction du service obligatoire, l'armée britannique (peu nombreuse mais bien aguerrie) était formée de volontaires enrôlés pour sept ans. Après, ils devenaient réservistes pour cinq années supplémentaires. Il s'agissait donc de soldats relativement expérimentés, mais non de mercenaires comme le soutenaient les Allemands.

Un prisonnier allemand, fin 1916. L'article qui accompagne la photographie, publiée par un journal français, insiste sur le fait que le soldat n'a que 18 ans. Avec le prolongement de la guerre, en effet, la plupart des pays belligérants recrutent sans être trop regardants sur les limites d'âge.

service militaire, en passant d'une armée de soldats professionnels à celle du citoyen-soldat.

Dans toutes les armées nationales, les grandes unités produites par la conscription obligatoire suffisent à bouleverser les techniques traditionnelles du commandement et de la discipline. Montent en ligne des millions de jeunes qui n'ont rien eu le temps d'apprendre et des plus âgés qui, à présent, ont presque tout oublié de ce qu'ils avaient appris au moment de la levée. Les officiers de grades subalternes eux-mêmes (les sous-lieutenants, les lieutenants, les capitaines qui sont l'élément charnière, côtoient de près les soldats et ont la charge de les commander dans l'action) sont de plus en plus des civils promus officiers de réserve et qui sortent le plus souvent, à peine dégrossis, de cours d'entraînement accélérés : la guerre dévore, consomme et met hors de combat les hommes comme les machines, toujours plus vite...

A ce stade, dans les instituts et à l'intérieur même de l'armée, laboratoires et savants (médecins, psychologues, psychiatres et psychanalystes) se mettent à étudier, avec les méthodes scientifiques et les techniques de l'époque, les réactions psycho-physiques des différents "types" humains aux multiples situations de combat. Comment le système nerveux réagit-il à la vie prolongée dans les tranchées, au bruit des explosions, à la douleur physique, à l'angoisse de la mort, au risque de tuer et d'être tué ; quels mécanismes de perception, d'adaptation ou de rejet entrent en jeu, etc. ? Le père de la psychanalyse Sigmund Freud mène ainsi des études importantes sur les réactions à l'état de guerre.

Au désir sincère de savoir et à l'extraordinaire occasion de faire progresser la science médicale et la connaissance des mécanismes de comportement de l'être humain se mêlent, souvent inextricablement, les logiques de circonstance et la sujétion aux options des états-majors. Ces derniers sont portés à suspecter au minimum de paresse un soldat qui "se dit malade" et à voir dans les formes répandues de folies pour cause de guerre (qui sont un des éléments caractéristiques de la guerre de masse) la simulation de traîtres ou de "trouillards" désireux de sauver leur peau.

A mesure que la guerre progresse, tous les hommes — même les réformés — finissent par être considérés aptes à se battre. Le minimum sanitaire requis pour accomplir le service s'abaisse.

Le dessinateur allemand Georg Grosz et l'écrivain satirique autrichien Karl Kraus ont dressé un portrait féroce de cette volonté guerrière poussée jusqu'à l'absurde, qui conduit les états-majors à intégrer de véritables loques humaines dans des armées austro-allemandes au bord de l'effondrement.

Mais le zèle civique et la logique même du système hiérarchique se manifestent de façon semblable dans les commissions médicales et les tribunaux militaires des futurs pays victorieux.

Une forme latente et non déclarée d'insubordination peut couver derrière ces tentatives de distanciation et de sauvetage personnel face à la mort, qui consistent à se laisser aller à une "folie" pouvant traverser tous les stades, de la "maladie" médicalement observée à la simu-

Pétain écoute les doléances d'un soldat. Confronté à la multiplication des mutineries à partir de 1916, le général allie sévérité et humanité. Ce n'est pas le cas de tous les chefs d'état-major. Le plus souvent, les actes d'insubordination sont punis avec une extrême dureté.

lation démontrée ou présumée. Atonie, aboulie, dépression sont enregistrées et prises en compte comme normales et, en soi, non négatives aux fins de guerre par des psychologues qui travaillent sur le "matériel humain" mis à leur disposition par les autorités militaires.

Le capucin Agostino Gemelli, médecin et psychologue, est ainsi autorisé par le commandant de l'armée italienne, le général Luigi Cadorna, à étudier sur le terrain, dans un nombre appréciable de cas, les changements que produit chez le soldat la vie en tranchée. A partir des données de son enquête, il constitue un répertoire de comportements, classés en fonction du proces-

L'ESPRIT DE BATAILLON

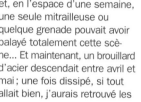

"**L**'identification avec le bataillon en guerre et avec le cercle étroit des camarades ouvrait une ample et vertigineuse spirale émotive qui donnait à la guerre l'apparence d'un deuil sans fin. (Siegfried) Sassoon passe sa dernière année de guerre à s'efforcer de maintenir les liens constamment brisés entre amis et camarades.

« J'avais perdu ma foi dans la guerre... Il ne restait rien d'autre que de croire en "l'esprit de bataillon". L'esprit de bataillon signifiait vivre et se trouver bien parmi les officiers et les sous-officiers... Mais dans les méandres de la guerre, j'eus l'occasion de découvrir la fragilité de ces liens. Un soir, nous pouvions nous trouver tous ensemble à faire la fête à Corbie...

et, en l'espace d'une semaine, une seule mitrailleuse ou quelque grenade pouvait avoir balayé totalement cette scène... Et maintenant, un brouillard d'acier descendait entre avril et mai ; une fois dissipé, si tout allait bien, j'aurais retrouvé les

survivants et nous aurions recommencé à unir une fois encore nos humanités misérables. »
En guerre, les risques psychiques connexes à l'identification des hommes avec leur unité sont évidents. C'était pourtant une réaction presque nécessaire, étant donné la cassure effective avec l'environnement de la patrie. Cette identification permettait de lire dans la mort de chaque camarade la perte d'une partie de soi-même." ■

Eric J. Leed, *No man's land*, Cambridge, 1979, trad. it., Terra di Nessuno, Il Mulino, Bologne, 1985, pp. 277-278.

*T*rois soldats allemands blessés (tableau de Will Dyson).

sus de dépersonnalisation et d'accentuation de l'esprit grégaire. L'apprentissage de la passivité dans la tranchée est loin d'ébranler les idées de l'observateur, non plus que ses sentiments patriotiques. Gemelli, comme Cadorna et la classe dirigeante conservatrice en général, n'attend fondamentalement qu'obéissance et non pas conviction de la part du soldat.

Les automatismes provoqués par l'ennui d'une vie répétitive et dirigée par d'autres, pauvre en stimuli et dépourvue d'horizon, leur apparaissent comme un phénomène plus rassurant que préoccupant. De ce point de vue, plus la culture et la mentalité du citoyen-soldat sont

restreintes, plus il semble apte à supporter sans trop souffrir l'affaiblissement de sa conscience et l'apathie croissante que produit inévitablement l'immobilité de la tranchée, cette interminable attente des ordres de quelqu'un — sans que nul ne sache jamais quand il viendra ni pour quoi faire.

En revanche, cette situation satisfait bien moins l'enthousiasme des interventionnistes et autres engagés

Dessin de L. Metlicovitz sur une carte intitulée Sempre Avanti! *(Toujours en avant). Très courant, ce type de représentations décrit le soldat en héroïque défenseur de la nation contre la barbarie. Ainsi maintient-on le moral et l'esprit de sacrifice des troupes.*

En 1914, l'Afrique est l'unique continent sur lequel les puissances belligérantes s'affrontent sur la base d'importantes possessions territoriales. Depuis la fin du siècle précédent, l'Afrique est principalement divisée entre les puissances impérialistes européennes. L'Empire ottoman a perdu en faveur de l'Italie sa dernière possession africaine lors de la guerre de Libye en 1911 — sa désagrégation dans l'ère méditerranéenne, commencée avec la perte de l'Egypte, s'est poursuivie lors des guerres balkaniques et s'achève dans les territoires du Moyen-Orient, qui passent sous protectorat français et britannique à la fin du conflit. Un seul grand Etat africain a pu conserver son indépendance, l'empire d'Ethiopie, que les Italiens ont toutefois privé de sa province d'Erythrée.

En Afrique, les Français dominent le Maghreb, Madagascar, l'Afrique occidentale et équatoriale — du Sénégal au Sahel et au Congo français, malgré quelques enclaves allemandes, tels le Togo ou le Cameroun, ou anglaises, Gambie, Sierra Leone, Côte de l'or et Nigeria. La Belgique n'a qu'une gigantesque possession en Afrique équatoriale, le Congo belge. L'empire britannique contrôle, directement ou indirectement, une bande de territoires qui part de la Méditerranée, contourne l'Ethiopie par l'ouest et va jusqu'à l'océan Indien (de l'Egypte au Kenya, en Afrique orientale). De plus, à cheval sur la mer Rouge et sur le golfe d'Aden, dans la corne de l'Afrique, les Anglais administrent la Somalie avec l'Italie.

La guerre des Boers leur a permis de constituer un grand nombre de dominions sud-africains, à l'intérieur d'une zone dont la façade littorale est contrôlée par l'Allemagne (Tanganika) et le Portugal (Angola et Mozambique).

Il est évident que l'éparpillement des possessions allemandes — comme des taches sur une peau de léopard — ne peut que désavantager le Reich, dès le début de la guerre. La position allemande est résiduelle par rapport à celle des puissances de l'Entente (France et Angleterre), premières servies de la colonisation. Ces dernières bénéficient du soutien des autres colonies africaines, qui suivent leur métropoles dans la guerre (Belgique, Italie, Portugal). Les colonies allemandes d'Afrique vont donc être arrachées une à une au Reich, dont elles sont trop isolées. D'abord le Togo puis, en 1915, l'Afrique sud-occidentale (les Boers rebelles s'associeront un moment aux Allemands), en 1916, le Cameroun. L'Afrique orientale allemande résiste jusqu'en 1918, sous la conduite compétente du général von Lettow-Vorbeck.

Dans les deux camps, on utilise des troupes coloniales, anticipant ainsi l'emploi massif des tirailleurs sénégalais, en Europe, sur le front français. Une situation analogue à celle de l'Afrique prévaut dans les colonies allemandes du Pacifique, au nord de la Nouvelle-Guinée. Ces îles, contrôlées en partie par la faible flotte allemande, sont perdues dès les premiers mois de conflit (septembre-octobre 1914), tout comme les ports francs et les concessions allemandes dans la province chinoise de Shandong. Après la guerre, ces territoires passent sous la domination du Japon qui s'était rangé depuis le début du côté de l'Entente. ∎

Une patrouille allemande en Afrique du Sud-Ouest.

volontaires: souvent de jeunes citadins impulsifs et cultivés, n'ayant pas l'habitude de la fatigue physique, pleins d'attente et d'exigence poétique, lesquelles ne peuvent être que déçues par la vie prosaïque dans la boue des tranchées où se côtoient tant de gens différents, si loin de leurs idéaux.

Nombreux sont en effet les intellectuels (des écrivains comme Carlo Emilio Gadda ou Giani Stuparitch, ou bien le peintre André Derain) qui se retrouvent, avec effarement, dans un environnement tellement éloigné de l'idéal de participation solidaire et de dynamisme volontaire qu'ils avaient imaginé. Certains ne cachent pas à quel point ils sentent, parfois, s'atténuer leur bel élan initial pour la "guerre juste".

Il existe sur le problème du "gouvernement des troupes" des visions différentes de celles des gouvernants et de leurs conseillers. Certaines ne misent pas tout sur la résignation, la passivité et le fatalisme des masses comme résultats d'une culture, d'une origine sociale et d'une adéquation aux conditions matérielles de la vie au front. Des politiciens, des hommes de culture, des enseignants, des journalistes et quelques militaires, plus clairvoyants ou moins cyniques, commencent à poser le problème du "moral des troupes". Ils s'interrogent, avant les autres, sur la portée et la fonctionnalité d'une discipline qui privilégie passivité et coercition contre persuasion et solidarité dans un contexte de défense nationale.

Le "gouvernement des troupes" se révèle un problème central dans une Europe encore fortement paysanne: c'est le cas particulièrement en Russie, en Italie ainsi que dans plusieurs régions de l'Empire austro-hongrois, mais aussi en France.

Dans ce dernier pays, de récentes études ont montré que la Grande Guerre a eu pour effet de transformer des millions de "paysans en Français".

Carte en franchise postale à la disposition des soldats de la Vᵉ armée italienne. En 1918, une série d'affiches et de cartes de propagande prennent pour thème la défense contre les "ennemis intérieurs", les traîtres qui prétendent que les soldats souffrent et veulent la paix.

L'année 1915 est une année de stagnation sur le front occidental, où Français et Anglais contiennent la pression allemande au prix de pertes considérables dues à l'emploi, pour la première fois, de gaz asphyxiants (Ypres, 22 avril). A l'inverse, en Orient, entre février et mai, les Russes subissent une série de défaites sanglantes et doivent se reti-

rer de Pologne, de Lituanie et de Galicie. La Serbie est définitivement contrainte à la reddition, après avoir été aussi attaquée par la Bulgarie, entrée en guerre en octobre. L'alliance de la Bulgarie avec les Empires centraux va de pair avec l'échec retentissant de l'expédition anglo-française dans les Dardanelles (février-août). Cette dernière avait pour but, après une éventuelle reddition de la Turquie, de créer une jonction directe avec la Russie pour lui fournir

des armes. Mais les troupes de Kemal Atatürk réussissent à rejeter à la mer les envahisseurs européens, en dépit des problèmes créés à l'arrière des lignes turques par les populations arabes de l'empire, soulevées par des agents secrets britanniques, parmi lesquels le fameux Lawrence d'Arabie. En 1915, l'entrée en guerre de l'Italie représente le seul événement positif pour les puissances de l'Entente. A partir d'août 1914, l'opinion publique italienne s'était divisée en deux camps opposés. Le premier, neutraliste, est composé des catholiques, des socialistes et d'une partie des libéraux. Ils expriment, par la bouche de Giolitti, le souhait que l'Autriche concède pacifiquement les terres irrédentistes. Le second, celui des interventionnistes, est plus composite. On y trouve des nationalistes, des démocrates, des républicains, d'anciens socialistes comme Mussolini. Ils prônent l'entrée en guerre de l'Italie au moyen de discours enflammés et de manifestations violentes. Après de longues tractations avec les deux camps, le ministre des Affaires étrangères Sonnino signe, le 26 avril 1915, l'ultrasecret "pacte de Londres". En vertu de cet accord, les Alliés garantissent à l'Italie des avantages territoriaux importants (Trentin, Istrie, une partie de la Dalmatie) en échange de son appui militaire.

La nouvelle du choix gouvernemental est accueillie sur les places par de grandes manifestations d'enthousiasme. Les neutralistes, quant à eux, acceptent le fait accompli. Sans aller jusqu'à la proclamation d'une "union sacrée" à la française, les socialistes et, surtout, les catholiques finissent par appuyer loyalement, bien

Les troupes commandées par le colonel T. E. Lawrence, le futur Lawrence d'Arabie, pénètrent dans le port d'Aqaba, au Proche-Orient. Ci-contre, un portrait de Lawrence.

que sans enthousiasme, l'effort de guerre. Du reste, presque tout le monde est convaincu que le conflit sera court, quelques mois au plus. C'est une des raisons pour lesquelles l'impréparation militaire et économique de l'Italie de 1915 n'apparaît pas dans toute sa gravité. Entre juin et décembre, les forces italiennes rencontrent les Autrichiens lors des quatre premières batailles de l'Isonzo et avancent, assez lentement, vers l'est. A la fin de l'année, elles sont arrêtées par l'ennemi. Ce dernier, ayant surpassé la crise sur le front oriental, est désormais en mesure d'engager un plus grand nombre d'hommes et de moyens sur le front occidental. Là aussi, on s'achemine vers une exténuante guerre de positions. ■

En haut : une position d'artillerie italienne, sur le front de l'Isonzo en 1915. A droite, les premiers volontaires italiens s'en vont au front.

DÉCLARATIONS DE GUERRE EN 1915

■ **23 mai** Italie à Autriche ■ **3 juin** San Marino à Autriche
■ **21 août** Italie à Turquie ■ **14 octobre** Bulgarie à Serbie
■ **15 octobre** Grande-Bretagne et Montenegro à Bulgarie
■ **16 octobre** Italie et France à Bulgarie

Chapitre 3

LE PAYS
ET LE FRONT

Lᴀ ɴᴀᴛᴜʀᴇ ᴇᴛ ʟᴀ ᴘᴏʀᴛÉᴇ ᴅᴜ ᴄᴏɴꜰʟɪᴛ ᴇɴᴛʀᴀÎɴᴇɴᴛ ᴅᴇꜱ ᴍᴜᴛᴀ-
ᴛɪᴏɴꜱ ᴘʀᴏꜰᴏɴᴅᴇꜱ ᴅᴀɴꜱ ʟᴀ ᴠɪᴇ ᴅᴇꜱ ᴘᴏᴘᴜʟᴀᴛɪᴏɴꜱ ᴄɪᴠɪʟᴇꜱ, ᴍÊᴍᴇ
ÉʟᴏɪɢɴÉᴇꜱ ᴅᴜ ꜰʀᴏɴᴛ. Lᴀ ᴠɪʟʟᴇ ᴄʜᴀɴɢᴇ ʀᴀᴅɪᴄᴀʟᴇᴍᴇɴᴛ, ᴍᴀɪꜱ ᴀᴜꜱ-
ꜱɪ ʟᴇꜱ ꜱᴛʀᴜᴄᴛᴜʀᴇꜱ ᴅᴇ ᴘʀᴏᴅᴜᴄᴛɪᴏɴ, ʟᴀ ᴄʟᴀꜱꜱᴇ ᴏᴜᴠʀɪÈʀᴇ ᴇᴛ ʟᴇ
ʀÔʟᴇ ꜱᴏᴄɪᴀʟ ᴅᴇꜱ ꜰᴇᴍᴍᴇꜱ.

Avec le passage des générations, les passions politiques et les identifications idéologiques provoquées par la Grande Guerre se sont en grande partie effacées. Pour des peuples, des classes sociales et des groupes politico-culturels, elles ont cependant été à la racine de l'engagement dans un camp.

Cette cautérisation des passions a contribué à modifier sensiblement les études sur un conflit qui apparaît aujourd'hui à beaucoup toujours plus loin dans le temps et dans ses origines.

Les nouvelles approches historiographiques

Une histoire diplomatique, politique et militaire, plus ou moins traditionnelle, est toujours présente. Elle a fixé la chronologie des événements sur les différents fronts et abordé les incidences politiques du complexe échiquier international. Parallèlement, l'histoire sociale et l'histoire des mentalités se sont considérablement diffusées. Elles prennent pour objet l'histoire du rapport société-Etat, en insistant d'abord sur la société : histoire des populations autres que celle des classes dirigeantes ; histoire des simples soldats (avec leur fréquente surdité à la politique et aux sentiments patriotiques ou bien leurs valeurs antagonistes qui conduisent à la double révolu-

Des ouvriers mobilisés dans les usines Galileo à Florence. La nécessité d'organiser et de coordonner la production de guerre modifie profondément le monde industriel des pays belligérants. En Italie, une entreprise dont l'activité est considérée comme sensible est aussitôt déclarée auxiliaire, et tant ses employés que sa production passent sous contrôle militaire. Après avoir d'abord regardé cette mesure avec suspicion, les industriels comprennent vite qu'elle a pour conséquence la sécurité des commandes, la fourniture de matières premières, l'exemption du service militaire et le paiement de généreuses avances sur les commandes d'Etat. A la fin de 1918, environ deux mille entreprises sont classées auxiliaires.

Durant les quatre années de guerre, les représentantes du sexe dit "faible" vont assurer la quasi-totalité des tâches réservées jusque-là aux hommes. On trouve ainsi des factrices, des chauffeuses de locomotive, des allumeuses de réverbères, des receveuses de tramway et, dans les usines d'armement, des "obusettes" et des "munitionnettes".

tion de février et d'octobre 1917 en Russie) plutôt que celle des état-majors ; histoire du pays c'est-à-dire du monde civil (souvent conçu comme un "front intérieur"), autre que l'histoire du monde militaire et du front.

Dans les historiographies nationales — française, anglaise, italienne, américaine, allemande... — un déplacement diffus des intérêts s'est ainsi confirmé. Les dimensions de la vie quotidienne sont devenues significatives et se sont en partie substituées à une optique essentiellement centrée sur les grands événements et les institutions.

Le chapitre qui suit illustre cette évolution.

Comment la ville change

La structure du travail en usine et la composition de la classe laborieuse (pas seulement en usine) connaissent une mutation : les femmes, conductrices de tramways ou postières, suscitent la curiosité.

La ville elle-même change de visage.

Ce ne sont pas seulement les villes de première ligne qui sont touchées par la guerre, telles les cités de Belgique et d'Alsace-Lorraine, ou bien Gorizia et Trieste,

Mars 1915 : une colonne
de soldats autrichiens à Mede,
dans le Frioul autrichien,
ville transformée en importante
base arrière.
Ci-dessous : l'annonce d'une
représentation de théâtre
aux armées, à Fogliano en 1917.

symboles des affrontements entre Italiens et Autrichiens.
De même, l'influence du conflit dépasse les villes et villages occupés au gré des déplacements du front. En Italie, par exemple, ils subissent des vagues : d'abord l'occupation des Italiens à l'attaque, puis celle des Autrichiens
qui contre-attaquent une première fois lors de l'expédition punitive de 1916, puis, surtout en 1917, après Caporetto, lorsque les Austro-Allemands
déferlent dans toute la plaine de Vénétie, jusqu'aux portes de Padoue, Vicen-
se, Trévise, et qu'ils menacent directement Venise en occupant Belluno et
Udine.

En réalité, l'état de guerre a touché
des centres urbains relativement éloignés du front, depuis que le conflit s'est
profilé.

Les régions frontalières deviennent
ainsi de véritables terres à soldats,
nationaux ou alliés. Ils s'y concentrent,
en provenance de tout le pays ou de
l'étranger, offrant un mélange inédit de
dialectes et de langues, d'uniformes
et de moyens de transport. Ils emplis-
sent les casernes, les gares, les routes et les lignes ferroviaires. Des centres d'à peine quelques milliers ou quelques dizaines de milliers d'habitants

IL TEATRO
DEL SOLDATO

ORGANIZZATO DALLA SOCIETÀ
ITALIANA DEGLI AUTORI CON L'AUTO-
RIZZAZIONE DEL COMANDO SUPREMO

prennent brusquement une importance stratégique en vertu de leur position géographique et des réseaux routiers ou ferroviaires.

La normalité se trouve dynamisée et bouleversée tant sur le plan de la vie quotidienne des civils que sur celui de l'activité commerciale liée au nombre croissant de résidents, des habitudes et des coutumes sociales ou de la moralité publique.

Si de jour le paysage humain, particulièrement dans les petites villes, devient plus animé, il n'en va pas de même la nuit, même dans des centres majeurs, marquée par le couvre-feu, l'interdiction d'allumer les lumières. "L'étincelle" des globes lumineux, qui signait avec orgueil l'entrée dans le nouveau siècle, cède devant une faible lumière bleutée d'aquarium.

A vue d'œil, le changement des modes de vie se caractérise par une régression dans le passé que la mentalité positiviste et l'idéologie de progrès avaient jusqu'alors considéré comme vaincu à jamais.

Dès les premières salves de la guerre, les autorités militaires ont mis en garde les autorités urbaines contre le risque que font courir les nouvelles technologies militaires à leurs administrés. On effectue des calculs, plus ou moins optimistes, sur la distance en heure de vol qui sépare le centre urbain du plus proche terrain d'aviation ennemi.

Bien des agglomérations s'avèrent trop lointaines, donc en sécurité. Cependant, le développement de la course à l'arme aérienne, la multiplicité des modèles, l'éventualité d'un déplacement des bases ennemies à portée de vol empêchent souvent de dormir nombre de gens, dirigeants ou simples citadins, dans un rayon de plusieurs centaines de kilomètres.

Le geste audacieux et imaginatif de l'aviateur-poète Gabriele D'Annunzio, qui survole Vienne le 9 août 1918,

Projet de A. Scorzon pour une carte postale de propagande intitulée : "L'objectif militaire de l'ennemi". Pour la première fois, même les villes éloignées du front sont dramatiquement impliquées dans le conflit.

avec une escadrille de sept SVA-5, partis du camp de San Pelagio près de Padoue, relève de cette logique. Les soutes ne contenaient cette fois aucune bombe, mais des tracts tricolores.

L'une après l'autre, des normes de sécurité devront être élaborées. Contre les bombardements des villes, on organise une défense active et une défense passive.

Des postes d'observation et d'écoute sont installés à distance adéquate et dotés de différents moyens de transmission pour donner l'alarme.

Il y a ensuite des gardes aériens munis de projecteurs et de mitrailleuses — ou plus pauvrement de fusils — pour obliger l'ennemi à rester en altitude. Les premiers canons antiaériens de fortune sont des canons normaux adaptés au tir vertical.

Des villes comme Venise s'entourent de postes d'observation disposés en larges cercles sur les îles de la lagune. Sur le toit des maisons, les terrasses — les caractéristiques *altane* (belvédères) — accueillent les systèmes de défense aérienne sous les ordres de Piero Foscari, un amiral au nom de doge, chef du mouvement nationaliste vénitien. L'inévitable Gabriele D'Annunzio lui a attribué la devise suivante : "Pour l'air, bonne garde."

Du point de vue de la protection civile, les administrations publiques organisent des abris dans les édifices aux murs particulièrement épais, comme les anciens bastions construits pour résister aux artilleries du XVe siècle, les murailles de la ville ou les palais nobiliaires.

Ouvriers et écoliers reçoivent l'ordre de se rassembler dans les souterrains, s'il en existe, ou au rez-de-chaussée de leur lieu de travail.

Quand sonne l'alarme — on utilise une sirène, le lancement d'une fusée ou le son des cloches —, le règlement est très précis : les trams et les véhicules doivent

L'église St-Gervais, à Paris, après son bombardement par la "Grosse Bertha", le 23 mars 1918, jour du vendredi saint.

Ce tableau de F. Flameng représente Verdun en flammes après un bombardement. La ville est, depuis le XVIIᵉ siècle, une importante place forte militaire. Après la guerre de 1870, elle constitue le verrou d'une série de fortifications qui protègent la frontière franco-allemande. En 1916, elle résistera à une puissante offensive allemande.
En page de droite, un journal anglais lance un appel à la solidarité avec la Belgique occupée.

s'arrêter, les locataires des étages supérieurs descendre, les portes d'entrée des palais doivent rester ouvertes pour accueillir les retardataires ; enfin, ceux qui se laissent surprendre par le sifflement d'une bombe, dans la rue, doivent se jeter prudemment à terre afin de réduire la surface exposée.

Ainsi s'écrivent, dans l'urgence, les premiers chapitres d'une nouvelle façon d'être dans la guerre, qui désormais concerne les civils. On procède encore à tâtons.

Toutefois, la génération de 14-18 et la suivante apprendront dramatiquement et rapidement à cohabiter avec les nouvelles armes de destruction.

Information et propagande

La presse est l'un des intermédiaires entre le monde des militaires et celui des civils.

On ne saurait attendre des journaux qu'ils informent correctement leur public du déroulement des opérations militaires. Il existe des formes plus ou moins contenues et raffinées d'autocensure et de censure, qui se perpétuent en fonction de la tradition, du professionnalisme, du public ou même du seul journaliste.

Le degré de cohésion interne et de sûreté de soi de chaque communauté nationale pèse particulièrement sur la rétention des nouvelles, au même titre que son caractère libéral ou autoritaire.

Quoi qu'il en soit, la raison d'être des journaux en temps de guerre n'est pas tant de fournir des informations que de les voiler, de les nier et de les fabriquer avec habileté.

La priorité, en effet, est de vaincre. Il ne faut ni favoriser l'ennemi par inadvertance, ni encourager des sentiments défaitistes dans son propre camp, mais galvaniser les énergies, renforcer le sens du bon droit, la conviction optimiste d'avoir entièrement raison et d'être destiné à l'emporter. Presque tous les journaux sont donc portés spontanément à agir comme des organes politiquement responsables des effets qu'ils peuvent produire sur la population.

Les journaux fonctionnent ainsi comme des articulations du système de guerre, sans qu'il y ait nécessairement intervention coercitive des bureaux de censure mis en place par l'autorité publique.

La vérité, l'histoire se chargera éventuellement de la dire une fois la guerre finie. Pour l'heure, la politique et "l'égoïsme sacré" de la patrie en danger doivent prévaloir sur toute autre considération. C'est, en un certain sens, la "vérité" d'un organisme qui se défend et qui, se défendant, ne peut plus supporter ses contradictions.

Ce discours vaut pour les journaux des classes dirigeantes comme le *Figaro*, le *Corriere della Sera* ou le *Times*. L'observateur averti n'éprouve aucune difficulté à percevoir dans leurs pages respectives les nuances qui renvoient à la propriété de chaque journal, à son positionnement politique d'avant-guerre, ainsi qu'au

EXISTE-T-IL DEUX CIVILISATIONS ? LA RÉPONSE DU PHILOSOPHE

Le philosophe Benedetto Croce est depuis un demi-siècle la figure dominante de la scène culturelle italienne. Héritier de l'idéalisme allemand, libéral et modéré, il n'approuve pas la propagande contre la "barbarie allemande", ni ne sympathise a priori avec la France de la "Marseillaise". C'est un homme d'ordre, il pense qu'il appartient au gouvernement de décider de faire ou non la guerre. Aux paysans, il conseille retenue et obéissance. Lui-même ne partage pas les états d'âme enflammés, à propos desquels un journal romain l'interroge en octobre 1914 :

"Je considère tout cela comme des manifestions de l'état de guerre. Il ne s'agit pas de questions rationnelles, mais de choix entre passions ; pas de solutions logiques, mais d'affirmations d'intérêts qui, quelle que soit leur valeur, sont nationaux et même particuliers ; pas de raisonnements, mais de simulacres de raisonnements, construits en imagination... Je crois qu'une fois la guerre finie, on jugera que le sol de l'Europe n'a pas seulement tremblé pendant plusieurs mois ou plusieurs années sous le poids des armes, mais aussi sous celui des erreurs. Les Français, les Anglais et les Italiens auront honte

et demanderont pardon des jugements qu'ils ont prononcés ; ils diront que ce n'étaient pas des jugements, mais l'expression d'affects. Et nous, les neutres, nous rougirons encore plus d'avoir parlé de la "barbarie germanique" comme d'une chose évidente. Entre toutes ces erreurs, fruits d'une saison, celle-ci gardera la primeur, parce qu'elle fut certainement la plus énorme." ∎

Benedetto Croce, *L'Italia dal 1914 al 1918. Pagine sulla guerra (1919)*, Laterza, Bari, 1965, p. 14.

La presse italienne est divisée sur la question de l'intervention. Ci-dessous : la déclaration de guerre de mai 1915, tant attendue par le Popolo d'Italia. *En regard, le quotidien socialiste* Avanti ! *condamne la guerre dès juillet 1914 et prône la neutralité.*

type de lectorat auquel ses articles s'adressent de façon privilégiée.

De son côté, la presse populaire se fait finalement plus grossière et démagogique, en ce qu'elle vulgarise après coup les lieux communs patriotiques des journaux pour classes cultivées.

La presse n'est cependant pas unanime et solidaire. En Italie, les quotidiens qui avaient été neutralistes avant mai 1915, telle *La Stampa* pour citer l'exemple le plus illustre — grand journal de la bourgeoisie turinoise et porte-parole du libéral réformateur Giovanni Giolitti, ancien chef de gouvernement très influent —, ne réussirent jamais à regagner leur crédibilité aux yeux des patriotes fervents.

La Stampa resta considérée comme un "malgré lui", un converti de dernière heure mis dans le même sac que "Giolitti et sa clique", comme le disaient les ultras du "front intérieur". Et quand, en août 1917 à Turin, des agitations ouvrières entraînent une grève qui finit par des barricades, des journaux comme le *Popolo d'Italia*, l'*Idea nazionale*, *Il Secolo* auront beau jeu d'orienter les soupçons de la culpabilité vers le grand journal turinois. Ils n'hésiteront pas à applaudir la sévère répression menée par la troupe pour éteindre des foyers de révoltes qui menacent un aussi grand centre industriel — où sont notamment installées les usines de la Fiat.

Domenica, 26 Luglio 1914

Avanti!

giornale del Partito socialista

★ Anno XVIII - N. 204

VERSO UN NUOVO MACELLO DI POPOLI

La rottura fra Serbia e Austria-Ungheria - Belgrado abbandonata - La mobilitazione serba - La Russia annunzia il suo intervento - Probabile conflagrazione europea - Il dovere dell'Italia: Neutralità in ogni caso!

En France même, là où triomphe l'Union sacrée, frictions, soupçons et délations ne manquent pas à l'intérieur du monde de l'information, pourtant plus solidement recomposé.

La lutte politique interne n'est que suspendue par l'état de guerre, mais n'en pèse pas moins en ces jours d'unité nationale retrouvée. Il s'agit de prendre position à la fois par rapport à l'avant-guerre et en prévision de l'après-guerre.

Quant aux organes appartenant aux formations politiques opposées à la guerre, ils doivent se taire. Dans la quasi-totalité des pays belligérants, les partis d'opposition se sont alignés sur les positions des gouvernements, renvoyant toute tentative sérieuse de différenciation à la fin des hostilités militaires.

Ce n'est pas le cas de l'Italie où le parti socialiste continue de ne pas se reconnaître dans les gouvernements de réconciliation nationale et tente de maintenir un équilibre entre maximalistes et réformistes avec ce mot d'ordre: "Ni adhérer, ni saboter."

Il parvient encore à faire paraître son quotidien officiel, l'*Avanti!* (son nom fut emprunté à son célèbre devancier allemand *Vorwärts*) malgré les pressions des autorités centrales et périphériques qui obtiennent, dès le début du conflit, l'arrêt de ses périodiques provinciaux. Pour ce faire, l'*Avanti!* mène une lutte quotidienne contre la censure, qui "blanchit" systématiquement les pages de ce foyer résiduel de contestation : au dernier moment, il lui faut enlever les extraits condamnés par les autorités et laisser des vides dans les colonnes du journal, qui "parlent" pour le texte absent à l'ensemble des lecteurs et des militants.

La raison d'être des journaux en temps de guerre n'est pas tant de donner des informations que de les masquer, de les déformer ou même d'en fabriquer de toutes pièces.

L'écrivain Romain Rolland, apôtre isolé de la paix.

Véritable chef-d'œuvre du maintien d'un semblant de vie et de liberté de la presse, l'*Avanti!* réussit même, le 19 septembre 1915, l'exploit de tromper la censure en publiant le manifeste pacifiste souscrit à Zimmerwald par les socialistes de divers pays en guerre (Allemagne, France, Russie, Pologne, Roumanie, Bulgarie, etc.) et adressé à tous les "prolétaires d'Europe".

En France, l'écrivain Romain Rolland, très critiqué, parle lui aussi de paix, de non-violence, dans son livre de 1914 *Au-dessus de la mêlée*; sa voix est celle, solitaire, d'un homme de culture, indépendant, qui fait appel aux vertus morales, tandis que les signataires du manifeste international pour la paix seront les derniers — tout en ayant été les premiers — interprètes d'un antagonisme de masse. Après la rupture de Caporetto, en octobre 1917, l'*Avanti!* se voit plus étroitement surveillé et sa parution est interdite dans trente provinces — soit un tiers de l'Italie.

LE MANIFESTE DE LA PAIX (ZIMMERWALD, 5-8 SEPTEMBRE 1915)

C'est à Zimmerwald, sur le territoire neutre de la Suisse, que se rassemblèrent en septembre 1915 les partis socialistes et leurs courants de gauche qui refusaient la guerre. Leur critique radicale de la guerre impérialiste trouva son expression dans un manifeste adressé aux "prolétaires d'Europe". Il fut signé par les représentants des socialistes allemands, français, russes (Lénine), polonais, roumains, bulgares, suédois, norvégiens, hollandais, suisses. En voici un extrait:
"Les institutions du régime capitaliste qui disposaient du sort des peuples: les gouvernements — monarchiques ou républicains —, la diplomatie secrète, les puissantes organisations patronales, les partis bourgeois, la presse capitaliste, l'Eglise: sur elles toutes pèse la responsabilité de cette guerre surgie d'un ordre social qui les nourrit, qu'elles défendent et qui ne sert que leurs intérêts. Ouvriers!
Vous, hier, exploités, dépossédés, méprisés, on vous a appelés frères et camarades quand il s'est agi de vous envoyer au massacre et à la mort. Et aujourd'hui que le militarisme vous a mutilés, déchirés, humiliés, écrasés, les classes dominantes réclament de vous l'abdication de vos intérêts, de votre idéal, en un mot une soumission d'esclave à la paix sociale. On vous enlève la possibilité d'exprimer vos opinions, vos sentiments, vos souffrances. On vous interdit de formuler vos revendications et de les défendre. La presse jugulée, les libertés et les droits politiques foulés aux pieds: c'est le règne de la dictature militaire au poing de fer." ∎

In *Cahiers de l'OURS*, n° 4, Paris, 1972.

A ce moment-là, du reste, le sort des journalistes alignés sur les positions officielles du gouvernement n'est guère plus enviable.

Certains, soit pour des raisons de force majeure, soit pour des choix plus ou moins imposés par le propriétaire du journal ou la puissante Association des journalistes, décident de ne plus écrire tant que leur situation n'est pas clarifiée.

Ce silence, exaspéré et plus ou moins spontané, de la presse italienne, répond un peu par ironie du sort aux vœux du haut commandement.

En mai 1915, l'état-major avait opposé une sourde résistance à la mise en place des correspondants de guerre. Seule l'intervention de l'Association nationale des journalistes — présidée par un ancien parlementaire républicain, lui-même interventionniste acharné — parvenait à convaincre le général Cadorna en lui donnant toutes les garanties possibles et imaginables quant à la présence de correspondants : sur le front, les journalistes s'engageaient à ne pas exercer un quelconque magistère critique, encore moins à s'inspirer de la dangereuse tentation d'une presse vécue comme un "quatrième pouvoir".

La Grande Guerre a vu naître quantité de journaux destinés aux troupes. Die Muskete, hebdomadaire satirique autrichien fondé en 1905, connaîtra une très large diffusion : il se caractérise par un graphisme élégant et des illustrations soignées. A l'inverse, les journaux italiens, plus modestes, sont rédigés sur un ton gaillard par des rédacteurs inexpérimentés. Seul l'Astico, à partir de 1918, produit des textes de plus haute tenue. Le plus célèbre des journaux de tranchée reste La Tradotta (la colonne militaire).

La correspondance

En dépit de l'avarice des journaux concernant les nouvelles sur le déroulement réel des opérations, on assiste, comme dans toutes les guerres, à un phénomène paradoxal : moins les nouvelles sont réelles, plus elles sont recherchées, tant sont grands le besoin de savoir et l'espoir de déceler des bribes d'information entre les lignes des "vérités officielles", produites par des organes inégalement proches de la propagande.

Un "bureau de poste" de fortune à l'arrière, dans le Frioul. La correspondance joue un rôle essentiel entre le front et l'arrière. Pour le soldat, elle est une forme de présence, une façon de conserver son individualité, de se rappeler et de se répéter : "Je suis... j'habite... je suis fils de... marié à... ami de..."

Ce même désir de savoir alimente un double et inexorable flux de correspondance entre militaires et civils.

L'arrière demande, le front répond ou, à l'inverse, le militaire envoie des signaux de vie répétés et réclame anxieusement une réponse. Il ne veut pas qu'on l'oublie. Il veut être encore, même indirectement, dans ce monde d'avant la guerre, au pays, dans sa famille, au milieu de ceux qui le connaissent.

Il s'agit pour lui d'une identité à préserver : du mécanisme opposé à celui de la vie des tranchées qui tend à le dépersonnaliser et à le plonger dans l'anonymat.

L'uniforme a pour fonction de le rendre identique à tous les autres soldats. La massification de la vie en caserne ou au front amortit, éteint les traits individuels et chacun est entraîné, plus ou moins passivement, suivant son caractère, par la pression ambiante.

Pour s'en défendre, les lettres et les cartes postales, écrites et reçues, sont le moyen le plus répandu. Elles représentent une forme de présence, une façon de se recueillir, de conserver une individualité, de tisser des liens, de se rappeler et de se répéter : "Je suis... j'habite... je suis fils de... marié à... père de... ami de..."

Cet acte répond à un besoin psychologique essentiel, par lequel un espace identitaire et relationnel se trouve préservé. C'est pourquoi les millions de soldats, quasi analphabètes, qui servent dans les différentes armées de 1914-1918, s'essayent eux aussi à l'écriture, avec leur calligraphie rudimentaire et leur orthographe approximative.

Dans le même temps, femmes ou mères font de même. Si bien que même pour les femmes, la guerre finit par faire fonction de catalyseur d'activités obligatoires et de responsabilités inhabituelles.

En quelle autre occasion de modestes paysans et, à plus forte raison, des paysannes avaient-ils écrit, comme ce fut le cas dans l'angoisse d'une dramatique séparation de plusieurs mois et plusieurs années ? Les études récentes de comportements ont montré que l'émigration constitue, avec la guerre, la seule autre situation qui déclenche et nourrit le besoin de communiquer à distance. Ici, la guerre entraîne, chez des millions d'hommes et de femmes du peuple, la nécessité de garder vivant le souvenir de soi en envoyant des signaux vers ceux qui sont restés — ou vers ceux qui sont partis.

Quoi qu'il en soit, dans les deux situations — l'émigrant ou le soldat —, celui qui part et quitte le "pays"

L'image de la femme et du fils écrivant au soldat est ici utilisée par un établissement bancaire, le Credito italiano, pour la promotion d'un emprunt de guerre.

L'arrivée de la poste constitue l'instant privilégié dans l'ennui d'une longue journée au front. Les soldats qui reçoivent du courrier sont heureux ; ceux qui n'en ont pas se mettent à l'écart comme des animaux blessés.

éprouve le besoin de raconter et d'être rassuré. C'est avant tout pour lui que le voile protecteur de la normalité s'est déchiré ; c'est lui qui risque de perdre son présent et ses racines.

Ce maternage diffus confirme le rôle traditionnel des femmes dans le foyer, en ville comme à la campagne. Il vient s'ajouter aux multiples activités nouvelles qu'elles doivent apprendre à faire. Pour l'homme, fils ou mari, qui se trouve éloigné du cercle d'affection et des gestes coutumiers, les lettres sont le symbole d'une normalité qui persiste et l'espérance d'un retour.

Voilà pourquoi l'arrivée de la poste (du vaguemestre) — avec celle, brinquebalante, des casseroles de ravitaillement —, quand elle parvient à passer le feu de barrage des *cecchini* (tireur isolés), constitue le moment le plus précieux dans l'ennui d'une longue et machinale journée : ceux qui reçoivent du courrier sont heureux ; ceux qui n'en ont pas reçu se mettent à l'écart comme des animaux blessés.

C'est la raison pour laquelle les directions des divers offices d'assistance et de propagande ne lésinent pas sur la quantité de cartes en franchise postale accordées aux soldats (qui en voudraient toujours plus, tandis que les bureaux de poste ne savent plus comment faire face à ce va-et-vient exceptionnel de millions de lettres): souvent imprimées avec des phrases toutes faites, qui peuvent aider ceux qui ont du mal avec l'écriture, elles répondent à une standardisation des sentiments et des nouvelles jugées légitimes; elles réduisent en définitive les risques de débordement de l'individualité vers des territoires interdits ou des domaines "tabous".

C'est aussi couvertes de slogans patriotiques que des cartes postales, offertes par d'innombrables comités de mobilisation et même des entreprises privées, parviennent à vendre, à l'ombre des drapeaux, divers produits ou marques.

Don Giovanni Minozzi, un prêtre catholique aux qualités d'organisateur, réussit à créer plusieurs dizaines de "Maisons du soldat" dans les zones de guerre, pour occuper le temps libre de ceux qui ne sont pas en ligne. Il obtient pour cela des fonds de bienfaiteurs privés, le soutien de l'Eglise, des autorités publiques et des admi-

Pour les femmes qui n'ont pas été absorbées par la demande des industries d'armement ou le travail aux champs, la guerre offre l'occasion d'un dévouement quotidien. Elles deviennent infirmières ou marraines de guerre, en "adoptant" un soldat auquel elles envoient des colis.

nistrations locales. Dans ces Maisons du soldat, les salles d'écritures aménagées sont toujours pleines et le papier à lettre disparaît en un rien de temps.

Du point de vue de l'écriture populaire, on peut dire que la guerre a constitué un grand facteur d'acculturation. L'instrument de l'écriture démontre toutes ses vertus à ceux qui l'avaient ignoré ou sous-évalué jusque-là. L'Eglise, l'Etat, l'armée et l'industrie ne manquent pas de leur côté de tirer profit de cette bonne disposition à apprendre des prolétaires déracinés, en leur fournissant des lieux, des supports et des mots d'ordre adéquats.

Avant d'intervenir positivement pour faire penser et écrire "patriotiquement" (dans un langage particulièrement emphatique et rhétorique) ces masses d'illettrés apprenant à écrire, les autorités militaires et politiques veillent à mettre en place des commissions de censure qui agissent dans le sens négatif. Leur rôle est de limiter la circulation de nouvelles jugées militairement secrètes entre le front et l'arrière, et vice versa. Il suffit d'ailleurs qu'apparaisse le lieu d'où le soldat écrit pour que la censure le rende illisible avec son encre noire. Plus généralement, toutes les expressions pouvant paraître "défaitistes", trop véridiques, d'une intonation trop pessimiste ou parfois d'opposition politique sont bloquées avec la plus parfaite discrétion.

Carte en franchise postale attribuée à la troisième armée italienne, en 1918.

Comme la presse, la correspondance est un intermédiaire entre le "nouveau monde" des militaires et l'ancien monde "normal" des civils ; elle n'est pas en mesure de communiquer ce qui arrive sur le plan des faits, des sentiments et des idées, du combattant comme de ses correspondants. Elle y fait seulement allusion, plus ou moins superficiellement ou indirectement.

Il est clair que le caractère, la culture et le niveau d'expérience de chacun pèsent beaucoup sur le contenu et le langage des lettres. Hormis la personnalité de leurs auteurs et les traits de caractère qu'elles révèlent, elles sont indéniablement répétitives.

Les historiens qui travaillent sur la culture populaire et utilisent ces documents comme sources d'une histoire des mentalités ont montré, à l'aide de moyens statistiques, les conventions d'expressions et de formulations qui se dégagent de cet ensemble. La répétition des formules peut provenir de la répétition des situations : l'éloignement, la peur, la faim, les bombardements, les affrontements avec l'ennemi, les rapports avec les officiers, la mort. La conscience que sa lettre va passer sous le regard étranger du censeur conduit aussi à uniformiser les formules. L'usage de petits trucs, d'astuces familières, codes et surnoms privés, que le censeur repère précisément à cause de leur répétition, ou les tentatives de s'approprier les grâces de "Dame censure" instituent une sorte de dialogue à trois...

Sur le front austro-italien, le sort a voulu qu'un grand linguiste viennois ait reçu l'ordre de ses supérieurs de lire, de trier, de censurer partiellement ou de bloquer les lettres des militaires ou des civils écrites en italien.

Le rôle de censeur a certes constitué sur tous les fronts une forme de "planque" décente et utile pour les hommes de culture, mais le cas de Léo Spitzer fut exceptionnel. Son excellente connaissance de l'Italie et de la langue, la façon non bureaucratique dont il occupa ses fonctions confèrent à ce censeur austro-hongrois une spécificité. En se mouvant avec aisance dans la diversité des rédacteurs de lettres — militaires, civils, paysans du royaume et de l'empire, sujets fidèles de l'empereur ou hypothétiques irrédentistes —, Spitzer va recueillir

***U**ne lithographie italienne de 1915, intitulée* La vérité du front. *Le soldat autrichien écrit ceci : « Chers parents, quelques mots pour vous dire que nous sommes victorieux sur toute la ligne et que les vivres et les munitions abondent. (...) P.S. : Fritz, qui écrivait hier encore le contraire à sa mère, a été fusillé ».*

Le pays demande,

le front répond

ou, à l'inverse,

le militaire envoie

des signes de vie

répétés et réclame

anxieusement

une réponse :

il ne veut pas

qu'on l'oublie.

les textes qui lui semblent les plus significatifs, pas seulement pour étayer ses rapports périodiques sur le "moral" du pays, mais aussi pour sa recherche personnelle sur la façon dont ces Italiens d'Autriche ou d'Italie pensent et réagissent face à la guerre. En 1921, la publication d'un volume, resté de nos jours encore un classique du genre, vient couronner ce travail.

Aujourd'hui, naturellement, ceux qui reprennent ces fonds peuvent ne pas partager quelques-uns des lieux communs sur le caractère des Italiens dont le linguiste-censeur, par ailleurs sympathique et bienveillant, se montre prisonnier. En se servant de ce type de textes, ils travaillent à l'élaboration d'une histoire populaire, "d'en bas", capable de révéler distances et contradictions par rapport à la politique et à l'histoire officielle, laquelle est reconstruite à l'aide de documents révélateurs d'une vision "du haut" que l'on retrouve dans les archives d'Etat.

Il y a quelques années, cette fracture entre gouvernants et gouvernés était lue et interprétée en terme d'alternative politique. Maintenant, les mêmes types de documents populaires — lettres, témoignages et mémoires de gens simples, soustraits à leur existence quotidienne pour être immergés de force dans un conflit historique qui leur échappe — sont plus souvent mobilisés pour prendre des distances avec la dimension "publique" et valoriser la sphère "privée". Ces lettres types sont étrangères à la politique et aux grands événements en cours. Elles demandent toutes anxieusement des nouvelles de la vie domestique et du travail des champs. Elles auraient pu, dans le passé, paraître un signe de fermeture et d'arriération aux lecteurs politisés, aussi bien patriotiques que réfractaires. Elles acquièrent un nouvel intérêt aujourd'hui aux yeux de nombreux lecteurs et auteurs, récemment désenchantés et devenus insensibles aux grands idéaux.

Le soldat en permission

Les deux paragraphes précédents nous ont permis d'approcher deux intermédiaires entre le front et l'arrière : la presse et la correspondance. Ils reflétaient cette tentative désespérée de continuer à communiquer entre personnes vivant dans des mondes trop différents pour qu'il soit facile de rester en contact, même quand les conditions matérielles, notamment la pression de la censure et de la propagande, ne faisaient pas obstacle au flux de messages anxieux se croisant continûment.

Les combattants perdent le fil de la normalité dans ce "nouveau monde" déchirant, déterminé par le voisinage obsédant de la mort. Ils se figurent qu'à l'arrière, à la maison, tout est demeuré stable et bien connu, comme avant.

En réalité, même le monde des civils est bouleversé. Rien n'est resté comme avant. Les militaires qui vont en permission en reviennent particulièrement déçus. La permission, cette possibilité enivrante de suspendre la monotonie des jours et des morts, n'est pas à la hauteur de leur espérance. Tout a changé, même le pays ; les femmes sont vraiment différentes ; on médit dans le dos de ceux qui combattent. Définitivement, rien n'est plus comme avant !

Le retour du soldat en permission, vu par une affiche hongroise de 1917. La réalité contredit souvent cette vison idyllique. Car l'expérience de la guerre a transformé le soldat qui retrouve un monde civil plus dur, lui-même modifié par la nature du conflit. Les permissionnaires se sentent presque étrangers, tant les modes de vie ont évolué par rapport au souvenir qu'ils en ont.

Un groupe de soldats autrichiens pose "en souvenir de Dantzig, 1915", comme l'explique le texte de cette carte postale. Les liens de camaraderie, déjà présents dans le monde militaire, deviennent extrêmement forts entre soldats du front. Ensemble, ils partagent la fatigue, la peur, la mort et l'éloignement.

Des crises et des désillusions vont se développer à partir de ce sentiment diffus de différence et de méconnaissance entre ceux qui reviennent et ceux qui sont restés au pays.

La permission consentie au militaire devait lui permettre de matérialiser à nouveau, de revoir de près la terre de ses rêves, louée dans ses lettres. Les supérieurs se plaignent que le soldat de retour de permission est plus rétif et plus mal adapté qu'auparavant. Il a peut-être découvert que sa promise l'a quitté pour un "embusqué" ou que ses fils grandissent sans le connaître ; ou bien, il a rencontré des profiteurs de guerre, vu les fils de riches restés chez eux, les faux malades et les "recommandés de fer" être versés dans des services où ils ne risquent vraiment pas leur peau ; pire encore, il a fait quelque "mauvaise rencontre", avec un rebelle, des voix frondeuses, un journal polémique, un tract subversif.

Dans tous les cas, "là-bas", rien n'est exactement comme on le racontait. Certains, réagissant à ce sentiment d'altérité réciproque, en arrivent à réintégrer leur peloton en pensant que là se trouve leur véritable famille. A présent, cette microcommunauté d'êtres égaux,

épousant les mêmes risques, se trouvant ensemble dans les mêmes lieux au même moment, est cimentée dans la vie et dans la mort communes.

Ces sentiments ressortent de nombreux témoignages, de souvenirs ou de mémoires, et dans des films réalisés après guerre comme *A l'Ouest rien de nouveau*, tiré du roman de l'écrivain allemand Erich Maria Remarque. Un phénomène inexistant et totalement étranger même au mieux intentionné des civils.

La sociologie de la guerre fournira quelques enseignements aux chefs politiques et militaires, grâce à l'étude de cette thématique des petits groupes comme le peloton. Elle montrera que dans cette guerre, mondiale après l'entrée des Etats-Unis dans le conflit, ce sont ces liens de base et de camaraderie qui motivent véritablement les combattants, au-delà des aspirations plus hautes, patriotiques ou idéologiques.

La "découverte" faite par tant de soldats au cours de la permission que, désormais, ils sont "différents", qu'ils vivent d'une autre façon dans un monde bouleversé et incompréhensible à qui n'en fait pas partie, peut aussi s'avérer fatale. En dehors même d'une sociologie militaire capable d'interpréter ces phénomènes d'identité et d'agrégation dans des conditions aussi différentes de la normale, les observateurs attentifs ne manquent pas : ce sont souvent des lieutenants pleins de décision, de jeunes bourgeois qui vont comprendre et aimer le "peuple" chez leurs hommes. Ils vont jouer justement le rôle de constructeur et de chef reconnu de ces petits groupes fidèles et soudés, de ce sujet collectif au niveau minimal de la hiérarchie des unités militaires, le peloton, la compagnie ou le bataillon.

Ceux qui perdent le sens de la normalité, dans ce "nouveau monde" marqué par le voisinage obsédant de la mort, s'imaginent qu'à l'arrière, tout est resté comme avant : un univers stable et familier. En fait, le monde des civils a lui aussi été bouleversé.

La nouvelle classe ouvrière

Quelques données quantitatives prises dans le cycle de développement d'un pays moyen comme l'Italie permettent de suggérer la portée des processus de transformation, violemment introduits par la guerre. Elles témoignent des changements profonds qui interviennent dans l'organisation de la production, mais avec des reculs évidents dans les modes de vie et de pensée d'une vaste masse de citoyens, spécialement ceux qui appartiennent aux classes populaires.

L'usine Fiat, à Milan, qui produit des véhicules militaires.

Dans un pays qui, lors du dernier recensement d'avant-guerre, comptait 36 millions d'habitants, la main-d'œuvre employée dans l'industrie mécanique va dépasser le demi-million au cours du conflit.

L'accélération de la production est importante, en particulier dans les secteurs liés à la demande de guerre : les mitrailleuses, entre 1915 et 1918, font un bond de 613 à 19 904 ; les automobiles de 9 200 à 20 000 ; les munitions disponibles de 10 400 à 88 000 coups par jour. Le capital d'une grande entreprise comme l'Ansaldo passe de 30 à 500 millions de lires, celui de l'ILVA de 30 à 300 millions et celui de la Fiat de 17 à 200 millions.

En France, à la veille de la guerre, les ouvriers sont quatre millions et demi, beaucoup moins qu'en Angleterre ou en Allemagne.

Les circonstances militaires ont voulu que ce soit précisément la France, relativement moins industrialisée, qui doive supporter le premier choc, puis soutenir sur son territoire durant toute la durée de la guerre la confrontation avec le puissant complexe militaro-industriel de l'Allemagne.

LA NOUVELLE ÉCONOMIE DE GUERRE

En Italie, c'est un général — Alfredo Dallolio — qui devient le premier sous-secrétaire puis le ministre des Armes et Munitions. Ce nouvel organisme a pour tâche de programmer et de contrôler toute l'économie de guerre par le biais de l'Institut de mobilisation industrielle. Les sphères publique et privée, tout comme l'homme d'affaires, le politique et le militaire, semblent trouver une expression appropriée dans ce nouveau ministère et dans l'homme qui le dirige.

Moins évidente — et d'autant plus significative des temps nouveaux — est en revanche la présence du parlementaire socialiste Albert Thomas à la tête du ministère équivalent en France (Armements et fabrications de guerre). Pour lui, la mobilisation industrielle s'inscrit dans l'optique d'une "économie organisée", "collective", anticipée théoriquement dès avant la guerre et qui ne peut se confondre avec les nécessités de la production militaire. L'Etat coordonne et planifie la production des entre-

prises capitalistes, il favorise les concentrations et les nationalisations. Selon le ministre français, la "guerre industrielle" a permis de soumettre les entrepreneurs capitalistes à des règles et à des contrôles étatiques, auxquels les socialistes les plus audacieux n'auraient osé rêver. Ainsi s'affirment de nouvelles règles d'intérêt général et une transformation économique, qui iront bien au-delà de la période de la guerre et de la liberté du "marché". ■

Où trouver la main-d'œuvre nécessaire? Les mêmes hommes sont au même moment réclamés comme soldats par les généraux et comme ouvriers par les industriels. Il n'est pas facile pour le gouvernement de parvenir à une programmation qui satisfasse ces exigences différentes et complémentaires. A la fin de 1915, 500 000 travailleurs mobilisés accomplissent leur service comme ouvriers dans les

usines d'armement, et non comme combattants. Cela ne suffit pas. Nombre de femmes entrent alors sur le marché du travail, auxquelles s'ajoute la main-d'œuvre coloniale et étrangère.

Ouvrières françaises fabriquant des grenades.
Ci-dessous: prisonniers autrichiens travaillant dans une aciérie de Terni, en Ombrie.

A l'issue de la guerre, les pourcentages sont les suivants: sur les 1 700 000 employés des seules industries d'armement, 497 000 sont des militaires, 430 000 des femmes, 425 000 des ouvriers civils, 133 000 des jeunes âgés de moins de dix-huit ans, 61 000 des coloniaux et 40 000 des prisonniers de guerre.

Le sentiment du soldat en permission de ne pas retrouver son pays comme il l'a laissé n'est donc pas erroné même si, dans une certaine mesure, lui-même a chan-

Les rapports commerciaux entre les économies déjà dominantes à la veille du conflit (puissances européennes, Etats-Unis et Japon) et les économies périphériques du reste du monde commencent à se transformer pendant la Première Guerre mondiale. Toutefois, la pérennité de relations inégales, la crise économique et l'agitation politico-sociale de la fin des années vingt ont occulté des possibilités de développement qui ne pourront aboutir qu'après la Seconde Guerre mondiale, avec le début de la décolonisation et de l'émancipation des peuples du tiers monde.

Les pays indépendants (sans parler de ceux qui sont encore dominés) de l'Amérique latine et centrale sont toujours plus absorbés dans la sphère d'influence des Etats-Unis, malgré des tentatives de politique protectionniste. Ils sont, en grande partie, exportateurs de matières premières, de produits agricoles et accentuent leur vocation à la monoculture. Le blocus naval — que s'imposent réciproquement les belligérants avec plus ou moins de réussite et qui provoque des affrontements dans l'Atlantique sud — profite surtout au commerce extérieur des pays sud-américains, qu'ils soient ou non entrés en guerre à la fin.

Ce commerce s'effectue par l'intermédiaire des Etats-Unis et des pays européens historiquement liés à la première colonisation, comme l'Espagne. La même richesse en matières premières caractérise l'exploitation de l'Afrique coloniale. Ce qui conduit à une liquidation rapide de l'empire colonial allemand et à une appropriation de ses ressources. D'où un déplacement de l'économie de guerre allemande vers des productions de synthèse qui leur sont substituées.

Quoi qu'il en soit, c'est en Asie, dans l'océan Pacifique et dans l'océan Indien (Afrique du Sud, Australie, Nouvelle-Zélande) que l'on tire apparemment le plus d'avantages d'un engagement de guerre supporté par les empires européens après 1914 et qui accroît le poids de leurs colonies et territoires d'outre-mer. Cette situation nouvelle facilite l'émergence de certaines puissances décentrées par rapport au traditionnel impérialisme européocentrique : les Etats-Unis et le Japon. Elle stimule également les économies locales, favorisant la croissance de mouvements protonationalistes et indépendantistes, particulièrement chez les "géants démographiques" d'Asie : la Chine (formellement indépendante, mais partagée en concessions étrangères),

l'Inde anglaise mais aussi l'Indochine française et l'Indonésie hollandaise. La Chine profite, en fait, des espaces laissés libres par les Européens et imparfaitement comblés par les Américains et les Japonais. A la traditionnelle richesse minière de l'intérieur du pays s'ajoute un développement sans précédent de son industrie légère et de son commerce, surtout sur le littoral oriental. L'industrie textile indienne profite des avantages dérivant de l'engagement militaire de sa métropole. Le Viêt-nam accentue son dualisme territorial, industriel au nord (industries de transformation, textile, mines) et agricole au sud (plantation de café, de thé, de caoutchouc et grande riziculture). ■

Labourage au Congo français, avec des éléphants.

gé et ne pose plus sur le monde le même regard qu'avant. Mais le vent du changement souffle sur la ville comme sur la campagne.

Partout jaillissent de nouveaux hangars abritant de petites usines de fortune, tandis que, dans les villes industrielles, les grandes entreprises s'agrandissent et multiplient les équipements. De grands processus de transformation investissent la vie quotidienne des civils tant sur le plan quantitatif que sur le plan qualitatif, celui des conditions d'existence et des coutumes. Au moins une partie des ouvriers, les moins spécialisés, les moins indispensables ou les moins protégés par leur patron, sont devenus soldats. Comme, à l'inverse, le bond en avant des industries de guerre nécessite toujours plus de personnel, la main-d'œuvre est donc recherchée là où elle se trouve, dans les franges urbaines, qui ont jusqu'alors échappé à l'activité industrielle, et dans les campagnes.

Mais, les paysans sont le nerf des armées de terre, et il n'est pas facile de soustraire au champ de bataille le peu d'hommes qui restent, jeunes ou vieux. Cela signifie qu'il faut prélever une part croissante de main-d'œuvre féminine avec, pour conséquence, l'accélération et l'amplification d'une triple évolution : femmes au foyer, filles, mères ou épouses se transforment en travailleuses salariées. Elles quittent les campagnes et deviennent citadines ; enfin, de paysannes, elles se font ouvrières.

Femmes au travail dans les champs, sur une couverture de la Domenica della Gazzetta *— revue publiée dans les territoires occupés par les Autrichiens, pour concurrencer la* Domenica del Corriere. *On y rend hommage à "l'admirable activité féminine dans toutes les branches du savoir humain durant l'épouvantable conflit".*

La femme et la guerre

En Grande-Bretagne, 800 000 femmes deviennent ouvrières. En Italie, elles sont 80 000 dès 1916, et 180 000 en 1918 à entrer dans la production de guerre contrôlée par l'Etat. Dans un pays dont l'industrialisation est en retard par rapport à l'Angleterre, ce chiffre prend une valeur comparable. Changer de travail, de vie, d'environnement signifie, pour bien des jeunes femmes, devenir plus

Cette carte postale autrichienne de 1916 montre des femmes engagées dans diverses activités traditionnellement masculines. Le slogan proclame orgueilleusement : "Nous tenons bon !"

indépendantes et être confrontées à des problèmes et à des comportements nouveaux : se former à l'école du syndicalisme, de la politique et de la modernisation.

Leur action à la tête des manifestations revendicatrices, contre le manque de pain, pour l'obtention de subsides et de permissions, qui ponctuent, à Milan, Turin et dans d'autres villes, la fin de l'année 1916 et le début de 1917, est révélatrice de ce changement.

C'est par dizaines de milliers qu'elles vont, par courage ou par nécessité, accomplir cette mutation radicale de leur mode de vie dans un pays traditionaliste et catholique. En les voyant, d'autres ont sans doute repensé à leur tour leur propre situation et, plus largement, la condition féminine.

Certes, après la guerre, les hommes, y compris ceux de gauche, vont revendiquer comme prérogative masculine leur poste de travail et clore ainsi ce chapitre d'é-

Wir halten durch!

mancipation objective des femmes par rapport à leur rôle plus traditionnel. Au nom de l'inégalité des sexes et de leurs occupations "typiques", on refermera par force ce qui apparaît aux yeux d'une écrasante majorité comme une parenthèse mineure.

Il n'en ira pas diversement en France, où le président du Conseil en personne avait fait appel aux paysannes au début de la guerre pour qu'elles remplacent les hommes pendant les récoltes.

Dans les pays où le modèle féminin d'inspiration catholique est moins fort et le processus d'émancipation des femmes plus avancé, l'objectif de l'égalité homme-femme suggère aux associations féministes de démontrer la maturité et la fiabilité politiques des femmes. Elles affichent donc une ardente adhésion à la guerre. Emmeline Pankhurst, leader des féministes anglaises, déclare solennellement se sentir désormais, non plus contre, mais au côté du gouvernement pour tout le temps que durera la guerre. L'Union sociale et politique des femmes (WSPU) rebaptise son journal *The Suffragette* qui devient *Britannia*. Les féministes américaines éprouvent le même besoin de se laver des soupçons de pacifisme que suscitent et leur sexe et leurs batailles antérieures. Elles proclament ainsi leur loyauté, leur adhésion à

Manifestation patriotique et interventionniste de femmes aux Etats-Unis. Les féministes américaines éprouvent le besoin de se laver du soupçon de pacifisme lié à leurs batailles antérieures et s'engagent résolument dans l'effort de guerre.

l'effort national, et se déclarent prêtes à y apporter leur contribution.

Le processus modernisateur de la figure traditionnelle des femmes, dû aux exigences de la guerre, va produire des déchirements et des traumatismes, tant parmi les femmes que chez les hommes. Il ne va pas sans polémiques ni contradictions : il est vraisemblable que l'homme-guerrier continue, plus que jamais à ce moment-là, à se faire rassurer par une "femme-ange". La figure inédite d'une femme-homme n'est pas encore affirmée. Admirable, la femme ne prend donc que temporairement et par nécessité la place de l'homme dans la famille et nombre de postes de travail.

Les historiennes de la condition féminine mettent d'ailleurs actuellement l'accent sur la récupération des forces et des valeurs "maternelles" comme typiques d'une histoire au féminin, en période de guerre. Quelques-unes d'entre elles s'intéressent principalement à valoriser les parcours historiques de "différence" plutôt que d'"égalité". Dans cette optique, les féministes patriotes de la Grande Guerre, qui font tout pour s'assimiler aux hommes, les marraines de guerre, fortement intégrées dans le système, ou encore les femmes ouvrières sont relativement délaissées par la recherche. Advient un intérêt renouvelé pour des figures plus traditionnelles du sexe féminin. C'est le cas de la *Mater dolorosa*, affligée, alors extraordinairement diffusée. La Vierge qui soutient le Christ mort a fourni un modèle d'identification à des millions de femmes en lutte.

Des femmes polonaises employées par les Allemands dans les mines de charbon. En bas : des femmes "garçons" de café à Paris.

Ce type de comportements et de sentiments prépolitiques est intimement lié à la culture populaire et plus particulièrement à la formation traditionnelle des femmes des pays catholiques de chaque camp. Il peut conduire à une intensification de la dévotion religieuse. De fait, les sanctuaires de toute l'Europe se remplissent d'ex-voto. Plus la situation politico-militaire apparaît bloquée, plus s'élargit l'espace laissé à l'initiative de l'Eglise et à sa capacité séculaire de donner de l'espérance et un sens au monde. Elle pallie les motivations politiques manquantes et les certitudes vacillantes. Des armées entières sont consacrées, en bloc, au Sacré-Cœur de Jésus. Dans sa troisième apparition à Lucia, jeune et modeste prophétesse redécouverte à la lumière de la nouvelle histoire "au féminin", la Vierge de Fatima promet pour cette consécration le salut et la paix. Nous sommes le 15 juillet 1917.

Ce phénomène fidéiste et miraculeux n'est certes pas le moins répandu de tous les "rêves" et millénarismes à caractère politique qui traversent l'esprit et le cœur de millions d'hommes en guerre.

L'un des innombrables ex-voto réalisés pendant la guerre par les soldats ou leur famille. Un fantassin qui a échappé à une grenade rend grâce à la Vierge et à ses saints patrons.

C'est l'année des batailles les plus coûteuses. A Verdun, les Allemands sont décidés à percer et, à partir de février, ils engagent tous les moyens disponibles. Les Français réussissent à résister. De leur côté, les Anglais, qui viennent de réintroduire la conscription obligatoire dans leur pays, lancent une contre-offensive gigantesque sur la Somme.

Dans chaque camp, les pertes sont énormes pour des résultats presque nuls.

En Italie, l'"expédition punitive" autrichienne échoue sur l'Altipiano d'Asiago. La sixième offensive italienne sur l'Isonzo débouche sur la conquête de Gorizia.

Sur le front oriental, les Allemands continuent à infliger de lourdes pertes aux Russes, tandis que à l'inverse, les Austro-Hongrois subissent les offensives adverses et ne trouvent leur salut que dans l'appui de l'Allemagne. Après cette expérience, il apparaît clairement que la fin du conflit ne sera pas déterminée par les armées sur les champs de bataille, mais par l'épuisement complet des ressources de l'un des protagonistes.

L'organisation du front intérieur devient alors déterminante. Il faut pouvoir développer et maintenir une machine de production qui entraîne toute l'économie d'un pays et fournisse des instruments aux combattants.

Le libéralisme est momentanément abandonné et l'intervention de l'Etat s'accroît dans les activités de production : les usines stratégiques sont militarisées, les grèves interdites, la consommation rationalisée et les pouvoirs de réquisition étendus. Des millions de femmes (800 000 en Angleterre et 200 000 en Italie à la fin du conflit) entrent pour la première fois dans les grandes fabriques pour compléter ou remplacer la main-d'œuvre masculine. Au niveau international, c'est la fin du libre-échange. Au sein de l'Entente, on crée de nouveaux organismes pour conduire une politique commune d'approvisionnement auprès des pays tiers.

Les coûts de guerre sont gigantesques. On évalue qu'ils se sont montés, pour la totalité du conflit, à plus de 200 milliards de francs pour la Grande-Bretagne, 170 pour la France, 160 pour les Etats-Unis, 130 pour la Russie, 80 pour l'Italie, 125 pour l'Autriche-Hongrie et 250 pour l'Allemagne. Tant en Italie qu'en France, les dépenses de l'Etat en 1918 sont environ cinq à six fois supérieures à leur montant de 1914.

Les budgets des Etats accusent des déficits effrayants. Pour y faire face, les pays adoptent des stratégies variées. L'Allemagne recourt à un emprunt public perpétuel, opération qui suppose une grande confiance de la population dans ses institutions. L'Angleterre adopte courageusement une politique d'augmentation de la fiscalité directe. L'Italie et la France choisissent,

---

DÉCLARATIONS DE GUERRE EN 1916

- **9 mars** Allemagne à Portugal ■ **15 mars** Autriche à Portugal
- **27 août** Roumanie à Autriche
- **28 août** Italie à Allemagne ; Allemagne à Roumanie
- **30 août** Turquie à Roumanie
- **1er septembre** Bulgarie à Roumanie

au contraire, la voie, plus facile à court terme mais plus dangereuse à longue échéance, de l'émission massive d'emprunts publics à court ou moyen terme et de l'augmentation de la masse monétaire. L'inflation en est la conséquence logique. Les balances des paiements connaissent, elles aussi, de forts déséquilibres. Les seules ressources internes des pays ne suffisent plus. Ils effectuent donc auprès des pays neutres des achats massifs de produits agricoles et de matières premières. Sur le plan des approvisionnements extérieurs, les puissances de l'Entente sont avantagées, grâce à la flotte anglaise qui réussit à maintenir le contrôle des routes internationales. L'Allemagne ne parvient pas à forcer le blocus naval que l'Entente lui impose. Après la bataille du Jutland, conclue sans vaincu ni vainqueur, elle préfère renoncer aux actions frontales. Elle se limite à une guerre sous-marine aveugle qui met à dure épreuve les navires marchands, surtout sur les routes maritimes de l'Atlantique. Les difficultés d'approvisionnement se font donc sentir avant tout dans les Empires centraux qui sont rapidement contraints de recourir au rationnement des ressources. ■

A gauche : la bataille de Verdun représentée par Max Rabes. Ci-dessus : une affiche italienne pour l'emprunt de guerre.

INDICES DU DÉFICIT DU BUDGET DES ÉTATS (100=1914)

	1915	1916	1917	1919
Grande-Bretagne	396	409	510	637
France	291	517	623	807
Italie	243	432	626	803
Allemagne	380	407	700	587

INDICES DES PRIX DE GROS (100=1913)

	1914	1917	1919
Grande-Bretagne	117	240	287
France	117	315	406
Italie	100	280	440
USA	112	202	223

Chapitre 4

1917
L'ANNÉE TERRIBLE

LA LASSITUDE ET LA SOUFFRANCE ONT DÉFINITIVEMENT TUÉ L'ESPOIR D'UNE GUERRE COURTE. MALGRÉ LA RÉPRESSION, LES ARMÉES CONNAISSENT MUTINERIES ET ACTES D'INSUBORDINATION. L'ENTRÉE EN GUERRE DES ÉTATS-UNIS ET LA RÉVOLUTION RUSSE ALIMENTENT, CHACUNE DE FAÇON DIFFÉRENTE, LE DÉSIR DE PAIX.

Grande et dramatique année 1917. De nouveau, au cœur de la guerre, la grande histoire politique des Etats et des classes sociales s'entrelace avec l'infinité des histoires individuelles et familiales, unies au diapason.

Pour les uns, cette année sera celle de l'espoir, pour les autres celle de la pire des catastrophes. Cette fois, il peut sembler que, pour un temps, ce sont les classes populaires qui dirigent les événements. Elles sont devenues un sujet collectif qui révolutionne les équilibres internes et externes des pouvoirs.

Les classes dirigeantes traditionnelles ne sont plus, comme dans les années 1914 et 1915, les maîtresses du jeu toutes puissantes qui étouffaient à la naissance la moindre velléité de dissociation de la part des peuples.

1917, c'est l'année de la révolution russe dans ses deux phases, réformiste et révolutionnaire, en février puis en octobre. C'est aussi l'année de l'entrée en guerre des Etats-Unis (avril). C'est enfin l'année qui voit une série d'actes d'insubordination individuels et de mutineries à peu près sur tous les fronts.

Ces actes sont avant tout l'expression d'une lassitude croissante. Mais ils peuvent être aussi perçus comme un effet — potentiellement contagieux — des tenta-

Petrograd : dans la nuit du 7 au 8 novembre 1917, les forces bolcheviques prennent d'assaut et envahissent le palais d'Hiver, siège du gouvernement provisoire de Kerenski. Aussitôt, Lénine devient le chef du premier gouvernement des ouvriers et des paysans. Ainsi s'achève la révolution russe (dite aussi "révolution d'Octobre", le calendrier russe ayant treize jours de retard sur celui de l'Occident). Cet événement aura une influence déterminante sur la suite de la guerre.

tives, tant de l'Eglise catholique que de ce qui reste des partis socialistes, pour rompre enfin l'allégeance et prendre l'initiative en désignant la voie de la paix comme nécessaire et impérieuse.

La réponse durement répressive des autorités militaires s'accompagne de quelques signes d'évolution dans la gestion des hommes.

La révolution en Russie

L'impact de la révolution qui survient et se déroule dans la lointaine et mystérieuse Russie du tsar est difficile à quantifier et aussi à dater. Il fut certainement grand sur les esprits, l'imagination et la volonté de combattre des millions de paysans-soldats sur le front. Le problème du contrôle, de l'orientation des réactions et des fantasmes des masses dans leur ensemble devient alors crucial pour tous les adeptes de la guerre psychologique et de la propagande.

La révolution russe, d'après un dessin de Georg Grosz intitulé simplement Milleneufcentdixsept.

La censure peut tenter d'endiguer et de canaliser les flux d'informations. Dans le cas de la révolution de 1917, elle ne peut tout nier en bloc car, avec le dépôt des armes des Russes en Orient et les négociations d'armistice entre l'Allemagne et le nouveau gouvernement bolchevique — jusqu'à la paix séparée de Brest-Litovsk en mars 1918 —, l'accroissement des forces austro-allemandes se fait nettement voir et sentir sur le front occidental après leur retrait d'Orient.

La déroute italienne de Caporetto à la fin du mois d'octobre 1917 et, aussitôt après, la pénétration rapide des forces adverses des Alpes à la Piave sont aussi le fruit militaire de cet effondrement du front russe, qui libère des troupes (en particulier allemandes) pour le théâtre italien, où s'étaient jusqu'alors affrontés Italiens et Austro-Hongrois seulement.

A ce moment commence une bataille idéologique très dure, de la part des gouvernements et des appareils de propagande des pays de l'Entente, pour convaincre les peuples et les

Un groupe de soldats russes lit un tract bolchevique. Bien qu'il ne compte que 350 000 membres en 1917, le parti de Lénine étend son influence sur des millions d'ouvriers, de paysans et de soldats, poussés à bout par la guerre.
Ci-dessous : combats de rue à Petrograd, en juillet 1917.

Soldats montant la garde devant le quartier général des bocheviks, à Petrograd, en octobre 1917.
Ci-dessous : Alexandre Kerenski, chef des mencheviks et du gouvernement provisoire instauré après la première révolution de Février qui provoque l'abdication du tsar Nicolas II.

armées que le prolongement de la guerre est entièrement dû à la faute des Russes, à leur folie. Ils ont trahi en jetant leurs fusils et ont abandonné leurs Alliés sans secours.

Le désir de paix, si fort chez des peuples au bord de l'épuisement, va-t-il prendre la forme d'un refus spontané, simultané, unanime de combattre — le concept de révolution autrement plus vague et fabuleux se matérialise clairement et à l'improviste sur ce terrain — ou bien, à l'inverse, celle d'une résistance extrême et d'une victoire militaire ?

Telle est alors la grande interrogation, plus ou moins exprimée chez ceux qui commandent ou qui sont commandés. Les événements de Russie, pour le peu que l'on en connaît à l'époque, semblent légitimer tous les rêves et tous les cauchemars.

Dans un premier temps, ce sont les classes dirigeantes des pays de

l'Entente qui font de beaux rêves. La révolution de Février se propose de démocratiser l'antique système tsariste, réhabilitant ainsi, aux yeux des Britanniques et des Français, l'image embarrassante d'un allié en contradiction avec celle d'une guerre de liberté, contre l'autoritarisme et le militarisme de l'ennemi.

Kerenski — l'homme de Février — devient ainsi pour peu de temps le symbole positif de l'évolution de la Russie, tant que l'on n'a pas compris que le processus révolutionnaire était beaucoup plus profond et que les hommes d'Octobre, Lénine et Trotski, pas Kerenski, en constituaient l'issue politique.

Naturellement, ces distinctions ne sont perçues que tard en Occident et restent obscures aux yeux et à l'entendement du plus grand nombre.

Ce qui se passe, ce qui "risque" d'arriver, c'est peut-être qu'en Russie les soldats prolétaires, russes et allemands, ont trouvé un moyen de faire la paix plus expéditif que celui des gouvernements.

Alors, "faire comme la Russie" ?

Léon Trotski s'entretient avec un détachement de cosaques. Il est l'un des principaux artisans de la révolution d'Octobre et le fondateur de l'armée rouge. C'est lui qui conduit la guerre civile contre les armées blanches et négocie la paix avec l'Allemagne, signée le 3 mars 1918 à Brest-Litovsk.

LES CHANSONS DE GUERRE

A côté des hymnes officiels, la Grande Guerre a ses chansons populaires, bien souvent anonymes. La première, italienne, est née parmi les chasseurs alpins (troupe d'élite, initialement composée de soldats des Alpes), décimés dans les assauts du mont Ortigara. La deuxième, dite *Chanson de Craonne*, a été recueillie sur le front français en 1917 par Paul Vaillant-Couturier :

Ta-Pum

"Vingt jours sur l'Ortigara
Sans que vienne la relève...
La tête pleine de poux,
Sans qu'on nous donne
[la soupe.
Quand nous sommes
[redescendus
[dans la plaine,
Le bataillon n'avait plus
[de soldats.
Bataillon de tous les morts,
A Milan combien d'embusqués !
Derrière le pont,
[il y a un cimetière
Notre cimetière, à nous, soldats.
Quand tu es sous ces pierres,
Petit soldat, tu ne peux
[plus parler.
Cimetière de nous autres soldats,
Un jour peut-être je te rejoindrai.
Ta-Pum, ta-pum..." ■

Chanson de Craonne

"Quand au bout d'huit jours,
[le r'pos terminé,
On va r'prendre les tranchées,
Notre place est si utile
Que, sans nous, on prend la pile.
Mais c'est bien fini, on en a
[assez !
Personn' ne veut plus marcher
Et le cœur bien gros,
[comm' dans un sanglot,
On dit adieu aux civelots.
Même sans tambours
[ni trompettes,
On s'en va là-haut
[en baissant la tête.

Refrain : Adieu la vie,
[adieu l'amour,
Adieu toutes les femmes.
C'est bien fini,
[c'est pour toujours
De cette guerre infâme.
C'est à Craonne, sur le plateau
Qu'on doit laisser sa peau ;
Car nous sommes
[tous condamnés,
Nous sommes les sacrifiés." ■

André Gauthier, *Les chansons de notre histoire*, Cl. Waleffe, Paris, 1967.

Soldati che improvvisano un concerto col vero « Grammofono » originale, alla « Casa del soldato » di Milano (Via della Signora).

Insurrections et mutineries

La stratégie du général Cadorna prévoyait une série de "coups d'épaule" contre les Autrichiens sur la ligne de l'Isonzo, au terme desquels les troupes italiennes auraient réussi à percer. La sixième bataille de l'Isonzo, en août 1916, a en effet permis la conquête de la ville de Gorizia, l'un des symboles de la vision irrédentiste et *risorgimentale* de la guerre.

A partir de ce moment-là se sont succédé divers autres "coups d'épaule" sans effet particulièrement décisif sur le plan militaire. Ils ont eu, en revanche, d'indubitables contrecoups sur l'usure matérielle et morale des troupes.

En mai 1917, le front du Carso (Karst) voit se dérouler la dixième bataille de l'Isonzo, tandis qu'en juin l'attention se reporte sur le front des Altipiani avec les très sanguinaires assauts du mont Ortigara. Une série de cotes sont prises, perdues et reprises par des bataillons alpins, sur une bande de quelques centaines de mètres sur le bord nord de l'Altipiano des Sept Communes, qui descend sur le Val Sugana.

Le général Cadorna et le général Porro inspectent les lignes de défense sur le front du Carso en compagnie de leur état-major.
Sur la page de gauche : publicité pour la Société nationale du Gramophone, qui propose un large choix d'enregistrements de chansons, marches et hymnes militaires.

Entre août et septembre, le front du Carso se remet en mouvement. La onzième bataille de l'Isonzo a enfin pour résultat la conquête par les Italiens de localités et de cotes devenues tristement célèbres à cause de la dramatique comptabilité de la guerre : Bainzizza, Monte Santo...

Pendant ce temps, toutefois, les préoccupations des autorités politiques se sont ajoutées à celles du général Cadorna — ce dernier ne cesse d'admonester les politiciens de Rome qu'il accuse régulièrement d'être trop faibles dans la lutte contre l'"ennemi intérieur". En août

UNE LETTRE AU ROI D'ITALIE

Les lettres de soldats sont certes bien loin d'être toutes des lettres au contenu politique contestataire. Bien au contraire, puisque la censure l'aurait empêché. Cette lettre au roi d'Italie n'est donc pas un exemple généralisable. Cependant, des missives de ce type ont été retrouvées parmi celles retenues par le ministère de l'Intérieur italien. Elles comportent des signatures plus ou moins fantaisistes, individuelles ou collectives. Protestant contre la guerre, elles sont toujours d'une couleur politique déterminée : anarchiste, socialiste révolutionnaire, mais aussi cléricale ou réactionnaire.

"(Turin, 2 décembre 1917)

Au nain féroce,
Nous, soldats, contraints par la force au sacrifice, avons le devoir de t'avertir que nous sommes entrés dans l'ultime mois de la guerre, parce que, dès la première minute de l'année 1918, tu ne trouveras plus en nous une armée pour te défendre, mais nous nous

unirons à l'ennemi pour te battre, t'anéantir, te détruire. Souviens-toi bien que, si dans cette brève période, tu ne t'arrêtes pas, nous saurons te punir, ton agonie sera lente et tu paieras toute la douleur et le sang versé par tant de pauvres gens.
Si ton cerveau n'est pas à même de gouverner un pays, démets-toi et n'entraîne pas un peuple entier dans l'abîme. Tu parles de libération mais avec quel courage ? Alors que tu fus l'agresseur en profitant de la mauvaise

situation des Empires centraux pour les conquérir, lâche ! La Russie a su punir ses bourreaux et nous n'y manquerons pas non plus, ton heure va bientôt sonner.

Anarchie" ■

Renato Monteleone, *Lettere al re, 1914-1918*, Editori Riuniti, Rome, 1973, p. 153.

Le roi d'Italie Victor Emmanuel III avec le général Joffre, lors d'une visite sur le front.

ont éclaté des manifestations et des grèves populaires de protestation à Turin même, la grande ville industrielle du Nord.

Le gouvernement fait intervenir les troupes, mais le signal d'alarme est préoccupant. Il fait planer la menace de quelque hypothétique jonction entre les revendications ouvrières à l'arrière et celles des soldats sur le front. Il peut aussi indiquer que les socialistes de gauche conservent une capacité d'organisation et de direction politique, non-obstant leur discours défensif, "ni adhérer, ni saboter".

Claudio Treves lui-même qui, bien loin d'être un révolutionnaire, est l'un des dirigeants réformistes du groupe parlementaire socialiste, s'est hasardé à prononcer devant la Chambre des députés, le 12 juillet, une phrase qui a résonné beaucoup plus fort qu'un simple souhait : "Le prochain hiver ne se passera pas dans une tranchée."

Est-ce seulement un espoir ou bien un présage, un avertissement ou carrément une menace ?

Le Parti socialiste sait quelque chose ou, pire, trame quelque chose ?

Ou alors, de par son ancienne pratique au sein de la classe ouvrière, a-t-il des antennes plus sensibles que celles des modérés ou des conservateurs du gouvernement et sent-il dans l'air une lassitude et un mécontentement qui à la longue pourraient bien exploser ?

Certes, la fatigue, l'usure et la soif de paix des peuples doivent être bien grandes pour que le pape Benoît XV se permette d'envoyer une note diplomatique aux puissances d'où se détache une expression forte et tranchante sur la guerre, "carnage inutile".

Ce jugement laisse un goût amer aux responsables de gouvernements. Il risque, en fait, de délégitimer aux yeux du peuple les bonnes raisons que tous les gouver-

*E*lu pape en 1914, Benoît XV condamne sévèrement la guerre : une première fois dans l'encyclique Ad Beatissimi, du 1er novembre 1914, puis dans une prière pour la paix prononcée en la basilique Saint-Pierre de Rome (reproduite sur cette image dédiée au pontife). Mais ses prises de positions, tout comme son appel à conclure une paix "juste et durable" — dans la note diplomatique aux puissances en guerre de 1917 — ne trouveront aucun aboutissement.

Procès-verbal d'arrestation d'un soldat anglais, qui s'est absenté de son unité sans permission.

nements se sont efforcés et ingéniés à donner à leur guerre. Il risque d'avaliser, au contraire, les formes croissantes d'insubordination, finissant paradoxalement par agir à l'unisson avec l'opposition politique qui survit souterrainement à gauche et se trouve réconfortée par les événements de Russie.

Le mécontentement des troupes s'exprime d'abord dans les tentatives répétées de fuites individuelles, à haut risque, avant de prendre la forme des abandons de tranchées par les soldats russes ou — dans des proportions moindres — italiens à Caporetto. "S'embusquer", se mutiler en se tirant un coup de feu dans la main ou le pied, se rendre malade, même gravement, en ingurgitant potions et mixtures, dans l'espoir que les médecins militaires vous déclarent inapte à la guerre, feindre la folie, se constituer prisonnier, déserter, ne pas rentrer de permission, etc. sont autant de tentatives de fuites.

La casuistique du sauvetage individuel, réussi ou raté, est imaginative et prolixe. En retour, la médecine et la justice militaire se font plus défiantes et inquisitrices et, ne voulant pas se laisser tromper, punissent avec rigueur tous les types de délits militaires. Entre les juges et les accusés se développe une guerre paradoxale. Quelle peine peut être considérée comme plus grave que le fait de rester sous le feu?

On invente alors des expédients judiciaires: parmi eux, la prononciation de la condamnation avec report de l'application à la fin du conflit et le maintien en ligne jusque-là.

C'est une duperie réciproque, car, à peine quelques mois plus tard, une fois sorti du climat de guerre, le délit est ramené à ses véritables proportions, un acte modeste: un chant subversif, un mot de trop, un geste d'insubordination, un retard de quelques heures ou de quelques jours au retour de permission ont été grossis, perçus comme potentiellement dangereux dans ces circonstances, évalués comme révélateurs. Ils seront rapidement annulés par des amnisties et des régularisations générales.

Mais il y a aussi ceux qu'on fusille, avec ou sans procès. Des unités entières ont été soumises au rite cruel de la décimation — exécution d'un dixième des soldats d'une unité rebelle —, qui ne feint même pas de vouloir chercher les coupables. Cette pratique ne dissimule pas le hasard absolu de la peine infligée et met en scène un acte exemplaire qui n'a qu'un seul but : terroriser.

La législation de guerre permet en outre aux officiers de jeter hors des tranchées le soldat qui hésite ou se couche au moment de l'assaut et, s'il n'obéit pas, de le passer par les armes sur place. La législation le demande explicitement aux officiers et les tient pour responsables, en cas d'omission.

En France, les études sur les formes d'insubordination, individuelles et collectives, et sur les procès qui suivirent ont pu être étayées depuis quelques années par la consultation de documents officiels jusqu'alors interdits. Pendant cinquante ans, le secret sur l'ampleur des mutineries a été bien gardé, en particulier dans la zone du Chemin des Dames et de la Champagne, en mai-juin 1917.

On a pu ainsi constater que, dans la période qui va de juin à décembre 1917, se concentrent plus de condamnations à mort exécutées (au nombre de 629) que pendant toute la période précédente, pourtant quatre fois plus longue.

En haut : une des rares photographies montrant la punition d'un soldat des troupes coloniales anglaises en Afrique orientale.
En bas, des déserteurs français abandonnent leurs positions, en 1917.

Accusée d'espionnage, la belle danseuse hollandaise Margareta Zelle, dite Mata-Hari (à gauche), espionne à la solde de l'Allemagne, fut arrêtée et fusillée à Vincennes, le 15 octobre 1917 (à droite).

D'août 1914 à janvier 1917, la moyenne mensuelle des condamnations à mort est évaluée entre 22 et 23, dont une quinzaine sont suivies d'une grâce ou bien commuées en peine de détention et 7 à 8 exécutées.

Entre juin et décembre 1917, 367 condamnations à mort sont également commuées en peines mineures par la grâce du président de la République Raymond Poincaré.

Selon l'auteur de cette étude Guy Pedroncini, environ un tiers des effectifs reste étranger à ces manifestations d'indiscipline. Dans le reste de l'armée, elles ont pu concerner en gros, un total présumé de 40 000 hommes,

PERSONNE NE DOIT EN SAVOIR TROP

"**P**ersonne ne devait en savoir trop. Jusqu'en 1916, les parents des soldats condamnés pour « acte contre la discipline militaire » étaient informés de la nouvelle brutalement. Mais suite au mouvement de protestation de Silvia Pankhurst, la même information prit la forme d'un télégramme précisant : « mort de ses blessures ». Les rédacteurs des communiqués officiels quotidiens devenaient particulièrement habiles dans leur travail. Peu avant l'attaque sur la Somme, Aitken raconte ainsi : « Je commençai à prendre note des communiqués qui soit décrivaient succinctement ou, dans la majeure partie des cas, évitaient de décrire les faits survenus chaque nuit sur le front occidental. En particulier, je consignai une petite sélection d'euphémismes, du type "acharné" (*sharp*) ou "vif" (*brisk*) : par exemple "l'ennemi fut repoussé après de vifs combats", "il y eut des représailles acharnées" et d'autres expressions semblables. Plus tard, j'appris qu'acharné ou vif avaient une signification bien précise. Ils voulaient dire qu'environ la moitié de la compagnie avait été massacrée ou blessée lors d'une sortie. » Et Aitken ajoute : « Si, dans l'avenir, un historien devait se fonder uniquement sur ces rapports filtrés avec tant d'application, il finirait par se fourvoyer. »" ■

Paul Fussell, *The Great War and Modern Memory*, Oxford, 1975.

individus, groupes ou unités de combats. D'autres études ont avancé, en revanche, un total beaucoup plus élevé de 100 000 soldats. On ne peut attribuer des causes spécifiquement politiques à ce phénomène considérable. La fatigue croissante, qui peut conduire au refus de combattre, naît surtout du type de guerre lui-même, basé sur des assauts sanguinaires, à répétition et particulièrement inefficaces, imposés à l'infanterie française jusqu'à ce que le général Nivelle soit remplacé par le général Pétain.

Ce remplacement s'accompagne d'un changement d'attitude appuyé sur le sentiment que la guerre moderne devient davantage une guerre de matériel qu'une guerre d'hommes.

Un groupe de midinettes (ici, des jeunes filles travaillant dans la mode, à Paris) défile en cortège dans les rues de la capitale. Le mécontentement et les désordres constatés dans les rangs de l'armée française donnèrent une impulsion nouvelle à la propagande menée par des agitateurs civils à l'arrière. Grèves et manifestations contre la guerre devinrent de plus en plus fréquentes. A la fin juin, on comptait plus de cent soixante-dix arrêts de travail dans les usines à Paris et en province.

Cette stratégie nouvelle, associée à des mesures concernant les permissions, les secours, etc., diminue les risques, les pertes humaines inutiles et freine la contestation.

En Italie, les tribunaux militaires fonctionnent également à plein régime. Les commandements supérieurs sont chargés de tenir à l'œil les juges, pour qu'ils ne se montrent pas "compréhensifs" dans la prononciation de peines. Tant et si bien qu'à la fin de la guerre, on comptabilise 870 000 dénonciations à l'autorité judiciaire, soit 15 % des mobilisés, dont 470 000 refus de répondre à la levée (particulièrement les émigrés restés hors

Ci-dessous : le terrible échec de l'armée française sur le plateau de Craonne, peint par François Flameng. C'est là, sur la route de crêtes du Chemin des Dames que va se briser l'offensive du général Nivelle, commencée le 16 avril 1917. Ce désastre inutile, qui coûte la vie à près de 200 000 soldats, provoque l'explosion de vagues de mutineries.
Sur la page de droite : une colonne italienne se replie après la défaite de Caporetto, en novembre 1917.

d'Italie) et 400 000 délits commis sous les armes. Les procès menés à terme se montent à 350 000 avec un total de 210 000 condamnations parmi lesquelles 15 000 à perpétuité et 4 000 à mort (750 exécutées).

Caporetto

Hormis la Russie, qui construit de son côté une histoire tragique et grandiose, chaque armée, tant de l'Entente que des Empires centraux, connaît ses grandes défaites, à mesure que la guerre se fait toujours plus interminable et humainement dispendieuse. Ces défaites sont — ou paraissent — plus que de simples désastres militaires ; il en émane des soupçons plus ou moins fondés d'affaiblissement du moral, de divisions internes et de responsabilité politique.

Les convulsions finales de l'Empire austro-hongrois et de l'Allemagne sont au moins autant, si ce n'est plus, politiques que militaires. Pour s'en convaincre, il suffit d'évoquer la désagrégation, sur des bases nationales, des liens de fidélité à l'empereur d'un grand nombre des Bohémiens, Polonais, Italiens, membres du vieil Etat multiethnique.

Toutes les armées ont donc connu leur moment noir. C'est en tout cas l'argument mis en avant par les nationalistes puis les fascistes italiens, fiers de la victoire et désireux d'oublier que l'effondrement du front à Caporetto aurait pu déterminer une autre issue au conflit. Mais, tout comme d'autres tenants de la guerre "jusqu'au bout", les mêmes raisonnaient bien différemment dans le feu de l'action.

En fait, en octobre et novembre 1917, la première réaction à la défaite ne consiste pas à minimiser les faits mais leurs conséquences.

Le gouvernement s'emploie à réduire la portée politique du désastre militaire, au moment où l'on passe du gouvernement Boselli au gouvernement Orlando. Il sait devoir garder à tout prix uni un pays profondément divisé depuis le début.

La ligne qui consiste à tout étouffer, comme on l'a fait en France quelques mois plus tôt, ne peut guère être suivie par les Italiens car, dans un communiqué intercepté trop tard, le chef de l'armée a été le premier à dénoncer les quelques unités qui n'ont pas opposé de résistance à l'ennemi.

La retraite de Caporetto coûte d'énormes pertes à l'armée italienne : 31 000 morts ou blessés, 300 000 prisonniers et autant de fuyards.

Position italienne abandonnée après la rupture du front à Caporetto.
Sur la page de droite : le général Armando Diaz (premier à gauche) devient chef d'état-major en remplacement de Cadorna, le 8 novembre 1917. Contrairement à son prédécesseur, adepte des attaques frontales massives, Diaz privilégie une stratégie moins coûteuse en hommes. Il parvient ainsi à relever le moral des troupes, à stopper l'avance autrichienne et à lancer une contre-attaque victorieuse.

Dans le même temps, plusieurs adeptes de l'interventionnisme de droite comme de gauche insistent sur la nature politique et programmée, selon eux, d'un "défaitisme" qui a provoqué cette véritable "grève militaire", comme le dit Léonida Bissolati.

Ce dernier, réformiste "ultra", exclu en 1912 du Parti socialiste, est devenu, en tant que ministre sans portefeuille, l'otage d'un gouvernement de "coalition nationale" dirigé par Paolo Boselli, un vieux libéral. A la différence de ce qui s'est passé en France, ce gouvernement ne parvient pas à attirer directement des représentants effectifs du mouvement ouvrier.

Ceux qui, comme Bissolati, ont tout misé sur la nécessité morale et politique de cette guerre, comme outil du redressement national, frémissent devant ce qu'ils considèrent être l'incompréhension bestiale de la réalité par les masses. Désappointés, ils hésitent entre le choix personnel du suicide et celui, politique, du recours aux méthodes de répression les plus violentes et les plus arbitraires.

Des observateurs, tout aussi impliqués mais plus modérés, s'emploient, eux, à tempérer l'atmosphère extrêmement tendue en recueillant et en divulguant des informations sur Caporetto.

Il en ressort que des unités se sont effectivement débandées, qu'elles ont jeté les armes en abandonnant les lignes, mais sans toutefois défier leurs officiers comme c'eût été le cas dans une rébellion active. Les cris séditieux, comme "la guerre est finie", entendus ici ou là, correspondent plutôt à un soupir de soulagement, à un enivrant "tous à la maison".

Bien qu'ils résonnent encore dans l'imagination horrifiée des patriotes, ils ne sont en rien des appels à la rébellion de révolutionnaires organisés.

Certes, tous ces hommes des brigades les plus compromises de la Deuxième Armée, désormais en fuite, doivent être neutralisés pour ne pas

TROIS JUGEMENTS SUR CAPORETTO

Voici le célèbre communiqué du général Cadorna, chef d'état-major général de l'armée italienne, le 28 octobre 1917. Ce texte fut bloqué par le gouvernement, qui le remplaça par une version atténuée.

"L'absence de résistance d'unités de la IIe armée, qui se sont lâchement retirées sans combattre ou se sont ignominieusement rendues à l'ennemi, a permis aux forces austro-germaniques de rompre notre aile gauche sur le front Giulia. Les efforts valeureux des autres troupes n'ont pas réussi à empêcher l'ennemi de pénétrer sur le sol sacré de la patrie."

Nouveau président du conseil, Vittorio Emanuele Orlando s'est retrouvé, lui, en voiture, seul avec le roi au milieu d'une armée débandée, le 1er novembre.

"Il est certain que, si ces gens avaient été animés (même au minimum) par un esprit subversif vaguement comparable à celui qui a dominé dans l'armée russe et, à certains moments, dans des unités de l'armée française, jamais une meilleure ni plus facile occasion n'aurait pu leur être offerte de s'emparer du chef de l'Etat et, dans le même temps, du chef du gouvernement!"

Giovanni Amendola est un journaliste et homme politique libéral, plus tard antifasciste modéré :

"L'impression qu'a laissée cette fuite sur les témoins est relativement étrange ; comme s'il s'agissait de gens retournant enfin à la maison après un long travail, riant et jacassant, ou d'une grève débonnaire et joyeuse. Il n'y avait parmi les débandés aucun signe de violence ni de révolte ; au contraire, ils mettaient la queue entre les jambes sitôt qu'on les affrontait ; n'importe quelle personne d'autorité aurait pu en arrêter mille." ■

*U*ne famille de paysans quitte la ville de Caporetto envahie par l'ennemi.

contaminer les unités encore saines. Viendront ensuite, avec calme et selon des méthodes appropriées, une reprise en main et une remise en condition de combat de l'ensemble des effectifs.

Exécutée par le général Cadorna, la retraite générale, sur la ligne du mont Grappa et du fleuve Piave, permet de sauver le gros de l'armée, qui prend position sur une ligne défensive plus solide en abandonnant le Frioul et une bonne partie de la Vénétie aux troupes adverses. Son remplaçant, le général Armando Diaz, va réorganiser l'armée, lui rendre sa force et son moral durant la dernière année de guerre.

Après avoir bloqué la progression ennemie, il parvient à reprendre l'offensive jusqu'à la victoire de Vittorio Veneto en octobre-novembre 1918.

Il s'agit d'une entreprise de grande ampleur et l'on comprend bien comment le souvenir de cette année de résistance — à laquelle participent des contingents alliés, anglais, français et, dans une moindre mesure, américains — a contribué à mettre entre parenthèses la sinistre et inquiétante mémoire de 1917 avec ses déshonorants "vaincus de Caporetto" : 300 000 prisonniers et autant de débandés, 11 000 morts et 20 000 blessés.

De nos jours, l'historiographie retient que, à Caporetto, une somme de circonstances a déterminé un événement de nature purement militaire, donc sans intervention ni "trahison" politique "préparée" ; et que, par la suite, l'échec militaire aurait acquis une portée considérable dans la réalité et, plus encore, dans l'imaginaire de la société.

Les soupçons, les déchirements entre ex-interventionnistes et ex-neutralistes, l'effondrement du moral des troupes dû à la longueur du conflit et, plus en amont, une "nationalisation des masses" inachevée sont les causes de cette résonance de Caporetto.

En Italie, l'identité collective nationale est moins avancée et moins diffusée que dans d'autres pays. L'Italie n'a, en effet, été unifiée qu'un demi-siècle plus tôt, malgré une unité culturelle antérieure des élites. Au demeurant, la France, dont l'histoire unitaire est bien plus longue, ne voit l'achèvement de la transformation des "paysans en Français" qu'à l'issue de la Première Guerre mondiale.

Les élections présidentielles américaines de 1916 : un camion de propagande est recouvert d'affiches en faveur de la réélection de Wilson. Porté par la vague du neutralisme triomphant, celui-ci se présente comme l'apôtre de la paix. Les slogans alternent entre politique intérieure et extérieure : "Qui nous a préservé de la guerre ? Qui se dresse pour la journée de 8 heures ?".

*Woodrow Wilson.
Ci-dessous : le président
annonce au Congrès américain
la rupture des relations
diplomatiques avec l'Allemagne.
Sur la page de droite : un char
britannique, à New York, lors
d'une collecte de fonds pour
"l'emprunt de la liberté".*

L'entrée en guerre des Etats-Unis

Dans le Jutland, la victoire des forces navales britanniques contraint la flotte allemande, après le mois de mai 1916, à s'enfermer dans ses ports.

Celle-ci renonce désormais à affronter l'ennemi en pleine mer. En mai de l'année précédente, l'Allemagne a déjà dû renoncer à la guerre sous-marine après la tragédie du *Lusitania* — ce transatlantique anglais coulé avec nombre de victimes américaines à bord —, pour ne pas exaspérer les pays neutres et, particulièrement, une puissance redoutable comme les Etats-Unis, dont l'entrée en guerre pourrait rompre l'équilibre des forces.

En décembre 1916, ces derniers, par l'intermédiaire de leur président Woodrow Wilson tout juste réélu, ont encore été sollicités par le chancelier allemand comme médiateurs potentiels. Mais l'"offensive de paix" des Empires centraux n'est pas convaincante. Peu après,

des groupes extrémistes prennent l'ascendant en Allemagne et poussent à la reprise de la guerre sous-marine afin de rompre le blocus économique à l'aide duquel l'Entente veut affamer ses adversaires. Le torpillage des navires de commerce s'intensifie alors, infligeant 847 000 tonneaux de pertes pour la seule année 1917, et contraint l'Angleterre au rationnement des vivres.

Les contrecoups de ce choix de guerre totale vont être particulièrement graves.

Pour l'opinion publique américaine, ce type de guerre est vécu comme une provocation. Il contribue à modifier, à l'avantage des partisans d'une présence active des Etats-Unis dans la politique européenne, le subtil équilibre qui avait jusqu'alors permis à l'alliance entre isolationnistes et pacifistes de prédominer. Le démocrate Wilson, jusque-là plutôt favorable à la paix, estime ne plus pouvoir contrarier les élans en faveur de l'intervention. Ceux-ci proviennent, outre du Parti républicain, de forces économiques, politiques et militaires qui préconisent une affirmation du rôle des Etats-Unis comme pays-guide du capitalisme, défendant par la même occasion les énormes crédits consentis à la Grande-Bretagne, à la France ainsi qu'à l'Italie.

Quoi qu'il en soit, dans la déclaration de guerre américaine à l'Allemagne (le 2 avril 1917) et à l'Autriche-Hongrie (le 7 décembre), Wilson évite soi-

Aujourd'hui,

jour de la fête

nationale américaine,

nos sentiments

de reconnaissance

et d'admiration

les plus profonds

vont au peuple

de la grande république

et à son président.

Nous saluons

le drapeau étoilé

qui flotte sur

les champs de bataille

de la vieille Europe.

B. Mussolini, 4 juillet 1918

gneusement de s'identifier au forces de l'Entente. Il veut garder des rapports diplomatiques normaux avec la Bulgarie et la Turquie et cherche à légitimer idéologiquement, au nom de l'humanité, un rôle politico-éthique d'arbitre potentiel, dont l'intervention est dictée par la nécessité d'une action punitive contre les méthodes de guerre allemandes.

Dans l'équilibre global des forces, l'entrée en guerre des Etats-Unis compense globalement la défection de la Russie, même si, dans un premier temps, l'aide est avant tout financière et psychologique.

Les soldats américains n'entreront directement sur les champs de bataille européens qu'en 1918 et de manière totalement symbolique dans plusieurs pays, l'Ita-

lie notamment. Sur le plan intérieur, le choix américain de faire la guerre en Europe revêt un grand intérêt historique. Les citoyens des Etats-Unis sont, pour des millions d'entre eux, des immigrés, fils d'immigrés ou neveux d'immigrés, d'Allemagne, d'Italie, d'Irlande, de Pologne et de toute une série de pays d'Europe qui sont alors en guerre les uns contre les autres.

Comment vont-ils réagir quand il leur faudra peut-être combattre leur pays d'origine ?

L'état de guerre ne fait qu'accuser et dramatiser une interrogation inhérente à la nature même de ce gigantesque Etat, multiethnique et plurilinguistique.

Là encore, la guerre va servir à tester impitoyablement d'éventuels résidus d'une double citoyenneté, sinon juridique du moins mentale. Elle va pousser à l'unification nationale.

Deux ans avant l'intervention, Wilson lui-même avait porté ses soupçons et ceux de l'opinion publique vers ces citoyens "à traits d'union" (italo-américains, polono-américains, germano-américains ...), admis à profiter des biens et de la liberté de la grande Amérique et, cependant, peut-être encore intimement liés à leurs origi-

Colonne motorisée américaine en France.
Sur la page de gauche :
une publicité publiée dans La Tradotta *exprime l'enthousiasme que suscite l'intervention américaine. Outre l'appui militaire, les alliés européens reçoivent une aide financière, de la nourriture et des armes.*
La légende dit :
"L'Amérique travaille à écraser les Allemands pour les fêtes".

Deux affiches américaines de recrutement. L'une montre une femme proclamant : "J'aimerais être un homme pour rejoindre la Navy." L'autre représente l'Oncle Sam s'adressant à ses compatriotes : "J'ai besoin de vous pour l'armée américaine."

nes. Dans son troisième message annuel au Congrès, il dresse une sorte de liste de proscription et déclare : "Ces esclaves de la passion, de l'infidélité et de l'anarchie doivent être écrasés."

A partir de cet exemple venu du haut, on comprend comment est née, à l'approche de la guerre, toute une série d'associations privées, officielles ou semi-officielles : elles se consacrent à l'espionnage patriotique des collègues de travail ou des voisins de palier, n'hésitant pas à ouvrir le courrier, à mener des expéditions punitives qui, dans les cas les plus extrêmes, aboutissent à des lynchages.

Leurs noms même, tout de lourdeur emphatique, témoignent du climat diffus d'excitation nationaliste : Ligue américaine de protection, Société américaine de défense, Ligue pour la sécurité nationale, Ligue pour la défense de la patrie, Ligue pour la liberté, Chevaliers de la liberté, Ligue des droits américains, Ligue unitaire antiallemande, Association antianarchique américaine, Jeunes espions d'Amérique, Briseurs des révoltes, Justiciers terribles, etc.

Plus positivement, l'effort d'américanisation à travers la guerre s'exprime par l'invention des dénommés "Hommes des quatre minutes" : 75 000 propagandistes de rue, choisis parmi les candidats présentés par au moins "trois éminents citoyens, banquier, profession libérale, homme d'affaires". Ils sont capables, en quatre minutes, de dresser un tableau des "atrocités allemandes" et des causes de la guerre, face à n'importe quel type d'auditoire.

Les Etats-Unis entrent en guerre le 6 avril 1917, mais la première division américaine, commandée par le général John J. Pershing, ne débarque en France qu'au mois de juin. En octobre 1917, le corps expéditionnaire américain compte environ 90 000 hommes, que suivront 175 000 autres au début de l'année suivante. A partir de l'été 1918, cette intervention devient décisive, car ce sont alors plus de 1,5 million d'hommes qui sont engagés sur le front français.

Trois ans après le début du conflit, l'état de guerre fait aussi sentir ses effets sur les civils. Pour la première fois dans l'histoire, ces derniers ne sont plus à l'abri du front et subissent des bombardements aériens. La hausse rapide des prix, les carences en matières premières, la fatigue, la démoralisation, les deuils minent le "front intérieur" et créent un climat favorable aux initiatives de paix. Ces dernières viennent de plusieurs directions, notamment des Empires centraux, désormais conscients qu'il leur faut sortir le plus rapidement possible du conflit. Parmi les soldats aussi règnent le mécontentement, la lassitude et l'envie d'en finir. Les formes d'automutilation et d'insubordination se multiplient, ainsi que de véritables mutineries. C'est, en particulier, le cas entre mai et juin dans une armée aussi disciplinée que l'armée française. Toutefois, c'est seulement en Russie que la

situation finit par échapper aux mains de l'autorité.
Le 12 mars 1917, une révolte populaire éclate à Petrograd ; elle se retrouve soutenue par les troupes qui devaient la réprimer. L'extension de l'insurrection contraint le tsar Nicolas II à abdiquer. Arrivent au pouvoir les socialistes modérés de Kerenski, appelés aussi "mencheviks", qui veulent continuer la guerre contre les Empires centraux. Mais le chaos s'étend et plus personne n'est désormais à même de contrôler les troupes russes, qui abandonnent le front dans le désordre.
Le 7 novembre, les bolcheviks de Lénine réalisent un nouveau coup d'Etat (révolution d'Octobre) et conquièrent le pouvoir. Aux prises avec de dramatiques problèmes intérieurs, ils signent, au début de décembre, l'armistice avec l'Autriche et l'Allemagne.
Déjà, depuis quelques semaines, les Empires centraux ont commencé à retirer des troupes du front de l'est pour

concentrer leurs forces à l'ouest. C'est une des raisons qui, ajoutées à l'épuisement des soldats et aux erreurs des généraux, expliquent la rupture du front italien à Caporetto (24 octobre). L'avancée rapide des armées austro-allemandes dans la plaine du Frioul et de la Vénétie fait planer la menace d'une défaite totale. Mais un sursaut d'orgueil national permet à l'Italie de réagir avec efficacité et de préparer une nouvelle ligne de défense sur la Piave. Le moral des soldats italiens remonte, grâce à l'adoption d'un nouveau style de commandement des troupes. Hormis la répression, ce dernier se caractérise aussi par une

forte propagande patriotique accompagnée de promesses de compensation, une fois la guerre finie. Les Italiens résistent donc aux assauts répétés de l'ennemi.

Dans le même temps, un fait nouveau survient, qui va se révéler déterminant pour l'issue du conflit : les Etats-Unis déclarent la guerre à l'Allemagne. La décision américaine ne s'appuie pas seulement sur des affinités politico-culturelles avec les forces de l'Entente et sur le rejet idéologique de l'impérialisme germanique. Elle est aussi dictée par des considérations économiques et politiques. En fait, une défaite occidentale serait pré-

judiciable à la récupération des énormes prêts consentis par les Américains. De plus, une neutralité prolongée empêcherait les Etats-Unis de renforcer leur rôle politique à l'échelle mondiale. A cela s'ajoutent les pressions interventionnistes de l'opinion publique américaine, indignée par les traîtresses attaques des sous-marins allemands contre les navires marchands des pays neutres. La première division américaine débarque en France en juin. Reste que, dans un premier temps, la contribution des Etats-Unis consiste avant tout dans l'en-

Ci-contre, à gauche : reconstitution de la prise du palais d'Hiver par les bolcheviks.
Au centre, des réfugiés italiens après le désastre de Caporetto.
Ci-dessus : les soldats américains représentés comme des croisés qui luttent pour la démocratie.

voi massif de fournitures et de ravitaillement en Europe. Au fil des mois, pourtant, leur présence militaire se fait plus significative et influente. Si bien qu'à la fin de la guerre, le nombre de soldats américains engagés en Europe dépasse deux millions. ∎

DÉCLARATIONS DE GUERRE EN 1917

- **6 avril** Etats-Unis à Allemagne
- **7 avril** Panama et Cuba à Allemagne
- **27 juin** Grèce à Autriche, Bulgarie, Allemagne et Turquie
- **22 juillet** Siam à Allemagne et Autriche
- **4 août** Liberia à Allemagne
- **14 août** Chine à Allemagne et Autriche
- **26 octobre** Brésil à Allemagne
- **7 décembre** Etats-Unis à Autriche ∎ **10 décembre** Panama à Autriche ∎ **16 décembre** Cuba à Autriche

Chapitre 5

L'ANNÉE
DE LA PAIX

Sentant la victoire proche, les États de l'Entente cherchent par tous les moyens à orienter les rêves de paix de leurs peuples épuisés. Mais la paix réelle, avec son cortège d'injustices, de reniements et de désillusions, échoue dans sa vocation essentielle : éviter de nouveaux conflits.

L'historiographie la plus récente — à la différence de ses devancières — se défie des cadres historiques trop larges. Aujourd'hui, il existe un si grand nombre d'approches du passé qu'un retour à une simple histoire politique semble désormais impraticable.

Dans son ancienne acception, institutionnelle et diplomatique, l'histoire ne peut rendre compte de l'ampleur et de l'irréductible variété des événements, matériels et immatériels, publics et privés. C'est d'autant plus vrai dans le cas de l'année 1918, l'année à cheval entre la guerre et la paix.

Mieux vaut reconnaître que, dans un tel enchevêtrement de circonstances, une lecture univoque satisfaisante n'est plus concevable de nos jours. Il y a pays et pays, classe et classe.

Plus généralement, la multiplication des sujets, neufs et anciens, qui permet d'ouvrir d'utiles perspectives, est telle que l'on risque de laisser échapper la vue d'ensemble.

Tout en ne négligeant pas les forces d'unification de l'état de guerre, nous sommes, par exemple, actuellement plus sensibles à la géographie des subcultures qui délimitent en profondeur le rapport à la collectivité à l'intérieur d'un même Etat.

Emotion et joie en Grande-Bretagne à l'annonce de la signature du traité de Versailles, le 28 juillet 1919. En dépit des souffrances et de la gravité des pertes humaines et économiques, les peuples d'Europe fondent dans cette paix de grandes espérances pour l'avenir.

Ci-dessus et en haut de la page de droite : entre l'été et l'automne 1918, les armées autrichiennes et allemandes, démoralisées, cèdent sur tous les fronts. Au cours des dernières actions du conflit, les Alliés font des centaines de milliers de prisonniers. En bas, cette affiche française s'offusque du mauvais traitement des prisonniers en Allemagne. La propagande joue aussi, en France, sur le "bobard" (terme désignant les fausses informations diffusées par les Allemands).

Aux diverses approches de l'histoire — militaire et diplomatique, économique, culturelle, sociale, politique —, le récent développement des études conduit à ajouter une histoire des sentiments et des mentalités. Au cœur de cette idée, l'observation des relations tant privées que publiques, des effritements et transformations de l'identité collective, les différences de "genre", à savoir la manière dont la guerre est vécue au "masculin" ou au "féminin".

Cette liste sommaire suffit pour admettre que toute vision unilatérale de la fin du conflit, et plus encore de ses débuts, serait bien réductrice.

La paix rêvée

L'attente, le besoin, le rêve de la paix : voilà qui pourrait constituer le grand thème unificateur de la dernière année de guerre.

Ceux qui rêvent de la paix sont les peuples affamés des deux Empires centraux, dans lesquels les solides et orgueilleuses structures militaires résistent mieux que celles des civils.

Dans le cas des soldats du tsar, le rêve est devenu réalité. Leur désir profond de mettre fin au conflit a pris corps. La présence d'une direction politique, avant-gar-

de d'une classe dirigeante de rechange, donne à cette fin de guerre une autre dimension qu'un simple retour à la maison, individuel ou en masse. Pour la première fois dans un grand et lointain pays, la révolution victorieuse semble avoir porté au pouvoir les opprimés et les frustrés de tous les temps. Pour beaucoup de prolétaires sous l'uniforme, y compris hors de Russie, le rêve de la révolution se superpose à celui de finir simplement la guerre et d'échapper à l'obligation de tuer ou d'être tué.

Si les uniformes sont différents, les songes sont les mêmes dans l'Europe épuisée des derniers mois d'une guerre dont nul n'aurait imaginé qu'elle serait si longue et si sanguinaire.

Ce mélange apparemment incongru de désirs et d'inquiétudes multiples est typique de la vie onirique. Pourtant, même les rêves sont simplificateurs.

En 1914, les déclarations pacifistes de la IIe Internationale ne s'étaient pas révélées assez concrètes et les prolétaires s'étaient montrés plus nationalistes ou, du moins,

Illustrations du journal La Trincea, *le 10 novembre 1918. A côté de la célébration de la victoire apparaît le souhait que l'Italie en retire les avantages promis. Toutes les revendications territoriales transalpines ne seront pas satisfaites lors de la conférence de Versailles (en particulier celles concernant Fiume, l'Istrie et la Dalmatie qui sont attribuées à la nouvelle Yougoslavie), si bien que la délégation italienne quitte la conférence en signe de protestation. Cette attitude alimente le mythe patriotique de la "victoire mutilée".*

plus résignés et obéissants que prévu. De là vinrent le soulagement de beaucoup et la désillusion amère de quelques autres.

A présent, après quatre années de guerre, les appels patriotiques, qui, au moment de l'éphémère "communauté d'août", avaient électrisé les rues de Paris et de Berlin, de Londres et de Vienne (ou durant le "mai radieux" à Rome et à Milan), ne font plus vibrer l'air. Malgré cela, l'immense lassitude se heurte non seulement au lien hiérarchique, mais aussi à des sentiments comme l'amour de la patrie ou encore à des attachements plus simples : l'amour-propre, la fidélité aux camarades morts, le besoin de ne pas rendre vains tous les efforts accomplis.

L'amoindrissement des capacités de résistance austro-allemandes — rongées de l'intérieur comme de l'extérieur — ouvre des perspectives. Les pays de l'Entente et les Etats-Unis, qui voient se profiler la victoire militaire, se mettent puissamment en action pour contrôler et orienter les espérances et les rêves des peuples.

Pendant des années, les classes dirigeantes ont entonné l'air de l'obéissance et du devoir. Plus que jamais durant l'année 1918 où se jouent les dernières cartes

de la guerre, elles en ont repris le refrain. Puis elles ont dû progressivement s'avouer que, pour communiquer avec les paysans et les ouvriers, mieux valait user d'un langage plus concret et plus accessible : les droits, les assurances sociales, les pensions, les retraites, le travail et surtout comme en Italie la terre aux paysans.

Pourquoi pas ? Les promesses d'heure en heure coûtent peu. Quant à les tenir, on verra ça après la guerre.

Toutes ces reconnaissances, ces promesses doivent pourtant rester sous le signe d'une parole d'ordre : cela se passe à l'intérieur de l'Etat, grâce à l'Etat, à l'initiative de l'Etat. Lénine et ses gardes rouges, là-bas en Orient, tiennent l'accès à un "avenir rayonnant" conçu dans un tout autre esprit, contre l'Etat, par un autre type d'Etat. Cela n'a rien de rassurant pour les classes possédantes et gouvernantes.

En réalité, la transformation de la guerre traditionnelle en guerre sociale, de guerre étrangère en guerre civi-

*S*ur cette célèbre photographie, falsifiée dans les années trente pour faire disparaître Trotski et Kamenev (ils se tenaient à droite de la tribune), Lénine s'adresse aux troupes partant combattre l'armée polonaise qui a envahi la Russie en mars 1920.

le est véritablement la menace qui, après le précédent russe, se profile en Allemagne, en Autriche et en Hongrie. Sur les ruines des deux empires, celui des Hohenzollern et celui des Habsbourg, la défaite militaire et l'effondrement des anciennes classes dirigeantes ont provoqué un processus véritablement révolutionnaire que ces mêmes classes ne parviennent pas à stabiliser.

Entre le printemps et l'automne 1918 se précisent les chances de victoire pour l'Angleterre, la France, l'Italie et les Etats-Unis. Ces pays se trouvent confrontés à des états d'âme et des orientations politiques moins dangereux et plus faciles à maîtriser.

Cependant, à regarder les affiches, les journaux, les slogans et les textes des discours préparés par les services de la propagande militaire et civile après octobre 1917, on voit émerger à côté de l'ancien ennemi militaire un nouvel ennemi politique : le bolchevik. En Italie, cette période est d'autant plus "révolutionnaire" qu'il faut assumer la cuisante défaite de Caporetto.

Dans tous les cas, les Russes rejoignent toujours plus les Allemands pour figurer le mal absolu. Un des chevaux de bataille de la propagande consiste d'ailleurs à souligner que Lénine, exilé, n'a pu retourner en Russie accomplir son œuvre de provocation et d'explosion sociale qu'avec la complicité des dirigeants allemands. Ces derniers ont été payés en retour pour l'avoir laissé passer en train à travers leurs territoires, pourtant enfermé dans son soi-disant "wagon plombé". Il devait ainsi porter le virus révolutionnaire en Russie, mais sans risque

Page de gauche : La reddition des comptes, *le 20 octobre 1918.*
En bas : en première page du Popolo d'Italia, *Lénine est appelé "le germanophile".*

de contagion sur sa route. Le révolutionnaire, nouvel ennemi politique et, qui plus est, "complice" et "serviteur" des Allemands, hérite — les caricatures le prouvent abondamment — de toutes les infamies reprochées au vieil ennemi militaire, en plus de celles qui lui appartiennent en propre.

Tout l'acharnement et la certitude glorieuse d'être différent et ô combien supérieur à l'ennemi se reportent de la précédente opposition patriotique, sur les nouvelles frontières d'une renaissante opposition politico-sociale entre "eux" et "nous".

Dans cette ultime étape de la guerre, la paix n'est donc pas le seul rêve des Européens.

Lénine entouré de membres de l'état-major bolchevique, sur la place Rouge, en mai 1919. Jusqu'à l'été 1918, la France, l'Angleterre et les Etats-Unis envoient des troupes en Russie pour abattre le régime communiste. En quelques mois, ce pays devient le théâtre d'une sanglante guerre civile qui oppose l'armée rouge aux corps expéditionnaires occidentaux, aux troupes tchécoslovaques et aux armées blanches contre-révolutionnaires.

В Ъ Ж Е Р Т В У
ИНТЕРНАЦІОНАЛУ

*Affiche anticommuniste : Léni-
ne et Trotski sacrifient la Russie
sur l'autel de l'Internationale.
Ci-dessous : la signature
du traité de Brest-Litovsk entre
l'Allemagne et la Russie impose
à cette dernière des pertes
considérables. Mais il évite
aux nouveaux dirigeants d'avoir
à se battre sur deux fronts,
celui de la guerre et celui de
la révolution.*

Révolution et contre-révolution font germer de nouvelles racines d'incompréhension et de violence, dans
les esprits et dans les cœurs.

Pour les gouvernements de l'Entente, sinon pour leur
peuples, il devient ainsi "naturel" de présenter comme
une poursuite de la guerre leur intervention contre les
"Rouges" aux côtés des "Blancs", après la paix germa-
no-russe de Brest-Litovsk.

Ce front et cet appendice de la guerre contre la nouvelle Russie des soviets sont rarement rappelés. Peut-
être parce que l'on se souvient moins volontiers des
échecs, et c'en fut un. Peut-être aussi à cause d'un reste d'embarras par rapport aux
principes de liberté nationale et
d'autodétermination des peuples. Grâce à ces principes, les
pays de l'Entente et les Etats-
Unis légitimaient et idéalisaient
la guerre aux yeux de tous.

Mais ces paroles qui ont
rempli les esprits prirent soudain une interprétation différente
quand il fallut traiter les termes
de la paix.

La paix réelle

En novembre 1918, la guerre et les batailles s'achèvent. Commencent alors et sans interruption les luttes de l'après-guerre.

Lutte des vainqueurs pour imposer aux vaincus des conditions de paix draconiennes ; querelles d'interprétation sur les buts de la guerre, au sein des pays vainqueurs et des fronts patriotiques désormais dissous ; lutte de classe et de parti, aiguisée par les années de militarisation de la société politique et de soumission de la société civile ; mouvements révolutionnaires et contre-révolutionnaires ; restructuration des équilibres sociaux, des rôles et des formes de commandement ; lutte encore pour attribuer un sens plutôt qu'un autre au conflit tout juste achevé et orienter la mémoire, tout au moins la mémoire publique, au risque de laisser de nombreuses séquelles dans les mémoires individuelles.

Vient ensuite la laborieuse définition des traités. Les vainqueurs veulent par-dessus tout traîner les vaincus devant une sorte de tribunal de l'histoire, dont la France, le Royaume-Uni et les Etats-Unis s'octroient la présidence.

Les négociateurs français se montrent particulièrement acharnés contre l'Allemagne. Ils sont fiers d'une victoire qui vient finalement couronner, après un demi-

Au quartier général des Blancs, à Vladivostok, flottent les drapeaux des puissances étrangères qui participent à la lutte antisoviétique. La guerre civile entre Rouges et Blancs ensanglante de nombreuses régions (Oural, Volga, Ukraine, Caucase, Crimée...) et se conclut par une série de victoires bolcheviques en 1920.

siècle, la fièvre de revanche accumulée depuis la terrible défaite de Sedan.

Le programme des ultranationalistes ne veut pas seulement régler la question de l'Alsace-Lorraine, mais, de façon plus large, le voisinage incommodant de ce pays de 65 millions d'habitants opposé aux 40 millions de Français. Il propose ni plus ni moins de démembrer le territoire ennemi.

Les vieilles propensions britanniques à maintenir l'équilibre européen, tout comme leur souhait de ne pas se priver du bouclier allemand contre une éventuelle expansion du communisme soviétique, empêchent l'application de ce type de solution aux territoires métropolitains de l'Allemagne.

L'annonce de la paix provoque des manifestations de joie dans tous les pays belligérants. Cette illustration de La Trincea *du 24 novembre 1918 a pour thème le retour triomphal des soldats victorieux.*

Elle est cependant retenue pour les colonies du Reich. La France, assaillie par l'inquiétude d'un possible réveil de l'"ennemi héréditaire", va imposer des modalités très dures au vaincu de la guerre, que l'on juge par contumace : interdit à la table des négociations, celui-ci n'a en effet d'autre choix que de jouer le rôle contraint de délinquant international. L'article 231 du traité de Versailles, signé le 28 juin 1919 entre les 27 Etats de l'Entente et l'Allemagne, est à cet égard explicite :

La population allemande éprouve elle aussi un immense soulagement après l'armistice : de retour à Berlin, des soldats sont fêtés par des enfants. Ci-dessous : le 11 novembre 1918, jour de l'armistice, à Paris.

Ci-dessus, la première page du quotidien anglais Evening Standard *annonce la signature de l'armistice et la fin de la guerre.*
Ci-contre, le chef du gouvernement français, Georges Clemenceau, signe le traité de Versailles.

"Les gouvernements alliés et associés déclarent, et l'Allemagne reconnaît, que l'Allemagne et ses alliés sont responsables, pour les avoir provoquées, de toutes les pertes et de toutes les dévastations subies par les gouvernements alliés et associés, et par leurs citoyens, en conséquence de la guerre qui leur fut imposée par l'agression de l'Allemagne et de ses alliés."

Cession de l'Alsace-Lorraine à la France, de l'ensemble des colonies, de la flotte, du bassin minier de la Sarre (pour quinze ans), réduction de l'armée à 100 000 hommes, auxquels viennent s'ajouter 269 millions de marks-or en réparation des dommages de guerre...

Nombre d'Allemands, qui ne considèrent pas qu'ils sont les grands fautifs de cette guerre, se sentent humiliés au-delà de toute limite et commencent à songer à ce que pourrait bien être, cette fois, leur "revanche".

La faiblesse de l'expérience libéral-démocratique de la république de Weimar, la future victoire du nazisme et la Seconde Guerre mondiale trouvent aussi leur origine dans le *diktat* imposé à l'Allemagne sur la base des rapports de forces de ce premier après-guerre. Quant à l'Empire d'Autriche-Hongrie, il cesse tout simplement d'exister, succédant ainsi à l'Empire russe qui s'est déjà effondré au cours de l'année 1917.

Son territoire est redistribué suivant des frontières approximativement nationales. Elles vont être le foyer de conflits immédiats et futurs. La république d'Autriche, ultime résidu de l'empire des Habsbourg, n'est plus

qu'une gigantesque capitale de deux millions d'habitants, sur un territoire qui en compte six millions au total. Elle est dépourvue de débouchés économiques et n'a pas d'accès à la mer.

Mais les injustices, les contraintes et les ruptures de ce règlement de la guerre ne recoupent pas seulement le clivage des alliances militaires. L'Italie se sent ainsi, non sans raison, traitée comme le parent pauvre de ses alliés. Elle n'a pas reçu de mandat sur les anciennes colonies allemandes alors que tout le monde a été servi : France, Angleterre, Belgique, Japon, Nouvelle-Zélande, Australie, Union sud-africaine.

Là encore, l'arrogance du club des vainqueurs se révèle peu clairvoyante. Le fascisme naît en Italie également du nationalisme blessé et du sentiment croissant d'une victoire militaire "mutilée", à la table du traité de Versailles, par l'inconséquence de la classe dirigeante libérale et par l'ingratitude de ceux que l'on considère déjà comme d'anciens alliés.

En Allemagne, on utilise les hélices en bois des avions militaires comme bois de chauffage. Reconnue coupable d'avoir provoqué la guerre, l'Allemagne est contrainte à de lourdes réparations ; elle doit aussi réduire sa flotte aérienne et les effectifs de son armée.

La dernière page du traité de Versailles parafée par les délégués allemands et alliés. Les trois premières sont celles des Américains : le président Wilson, Robert Lansing et Henry White.

La rancœur envers le président Wilson, en particulier, est grande. Beaucoup s'étaient attachés, dans la dernière phase du conflit, à ses "14 points" et au principe d'autodétermination des peuples. Ils ne comprennent pas comment le président américain peut être hostile à l'annexion de la ville de Fiume, en Istrie, par l'Italie. Il est vrai que cette ville n'était pas incluse dans les conditions du pacte de Londres, mais ses habitants se sont prononcés en faveur de ce rattachement, mettant précisément en pratique l'autodétermination : ils préfèrent rejoindre la couronne d'Italie plutôt que d'entrer dans la toute jeune Yougoslavie ou de connaître une situation de compromis.

Il est vrai, d'autre part, que les Italiens piétinent ce même principe dans un cas qui les arrange : aux confins du Brenner, la ville de Bolzano et les vallées du Tyrol, où l'on parle allemand, passent entre leurs mains sur les bases du pacte de Londres, selon une logique militaire et nationaliste.

Ce n'est certes pas le principe d'autodétermination des peuples ni la logique démocratique, unificatrice, historique et culturelle qui prévalent ici — tous ces arguments dont on se sert pourtant pour revendiquer des territoires à Fiume, en Istrie et en Dalmatie.

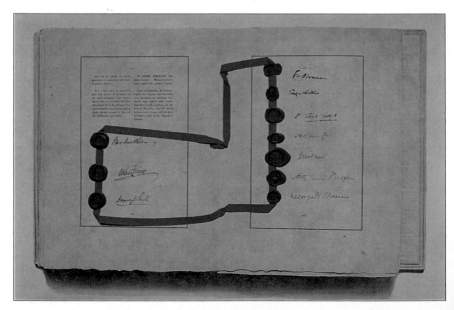

A partir du 8 janvier 1918, le président Wilson veut affirmer la spécificité de l'engagement américain dans le conflit. En rédigeant les "14 points" à respecter pour une paix juste, il place son pays en position d'arbitre de la guerre comme de la paix. Il réclame d'abord que les traités soient rendus publics, puis la liberté de navigation sur toutes les mers, la suppression des barrières économiques ; en quatrième et cinquième points, la réduction des armements et le règlement des questions coloniales ; le sixième point prévoit l'évacuation des territoires russes ; le septième, la restauration de l'indépendance de la Belgique, tandis que les points 8 à 13 proposent respectivement le retour de l'Alsace-Lorraine à la France, la rectification des frontières italiennes dans le respect des nationalités voisines, l'autonomie des peuples de l'Empire austro-hongrois, le rétablissement de l'indépendance de la Roumanie, du Montenegro et de la Serbie, enfin l'autonomie des peuples non turcs de l'Empire ottoman et l'indépendance de la Pologne. Le quatorzième et dernier point proclame la nécessité d'une "Société des Nations" apte à "promouvoir pour tous les Etats, grands et petits, des garanties mutuelles d'indépendance et d'intégrité territoriale". ■

Ci-contre, en haut : le texte des "14 points" de Wilson ; en bas : Wilson, Clemenceau, Balfour et Sonnino, le ministre italien des Affaires étrangères, à Versailles.

Program for the Peace of the World

By *PRESIDENT WILSON*, January 8, 1918

I. Open covenants of peace, openly arrived at, after which there shall be no private international understandings of any kind, but diplomacy shall proceed always frankly and in the public view.

II. Absolute freedom of navigation upon the seas, outside territorial waters, alike in peace and in war, except as the seas may be closed in whole or in part by international action for the enforcement of international covenants.

III. The removal, so far as possible, of all economic barriers and the establishment of an equality of trade conditions among all the nations consenting to the peace and associating themselves for its maintenance.

IV. Adequate guarantees given and taken that national armaments will reduce to the lowest point consistent with domestic safety.

V. Free, open minded, and absolutely impartial adjustment of all colonial claims, based upon a strict observance of the principle that in determining all such questions of sovereignty the interests of the population concerned must have equal weight with the equitable claims of the government whose title is to be determined.

VI. The evacuation of all Russian territory and such a settlement of all questions affecting Russia as will secure the best and freest cooperation of the other nations of the world in obtaining for her an unhampered and unembarrassed opportunity for the independent determination of her own political development and national policy, and assure her of a sincere welcome into the society of free nations under institutions of her own choosing; and, more than a welcome, assistance also of every kind that she may need and may herself desire. The treatment accorded Russia by her sister nations in the months to come will be the acid test of their good will, of their comprehension of her needs as distinguished from their own interests, and of their intelligent and unselfish sympathy.

VII. Belgium, the whole world will agree, must be evacuated and restored, without any attempt to limit the sovereignty which she enjoys in common with all other free nations. No other single act will serve as this will serve to restore confidence among the nations in the law which they have themselves set and determined for the government of their relations with one another. Without this healing act the whole structure and validity of international law is forever impaired.

VIII. All French territory should be freed and the invaded portions restored, and the wrong done to France by Prussia in 1871 in the matter of Alsace-Lorraine, which has unsettled the peace of the world for nearly fifty years, should be righted, in order that peace may once more be made secure in the interest of all.

IX. A readjustment of the frontiers of Italy should be effected along clearly recognizable lines of nationality.

X. The people of Austria-Hungary, whose place among the nations we wish to see safeguarded and assured, should be accorded the freest opportunity of autonomous development.

XI. Rumania, Serbia and Montenegro should be evacuated; occupied territories restored; Serbia accorded free and secure access to the sea; and the relations of the several Balkan States to one another determined by friendly counsel along historically established lines of allegiance and nationality; and international guarantees of the political and economic independence and territorial integrity of the several Balkan States should be entered into.

XII. The Turkish portions of the present Ottoman Empire should be assured a secure sovereignty, but the other nationalities which are now under Turkish rule should be assured an undoubted security of life and an absolutely unmolested opportunity of autonomous development, and the Dardanelles should be permanently opened as a free passage to the ships and commerce of all nations under international guarantees.

XIII. An independent Polish State should be erected which should include the territories inhabited by indisputably Polish populations, which should be assured a free and secure access to the sea, and whose political and economic independence and territorial integrity should be guaranteed by international covenant.

XIV. A general association of nations must be formed under specific covenants for the purpose of affording mutual guarantees of political independence and territorial integrity to great and small States alike.

Hormis l'Espagne, la Suisse, la Suède et la Norvège, l'ensemble des Etats européens ont été engagés dans le conflit, tout comme la majeure partie des pays extraeuropéens. Ces derniers étant plus ou moins contrôlés par les puissances coloniales, ils ont été contraints de participer, sous des formes généralement indirectes, à la guerre.

Le Commonwealth britannique

L'empire anglais, à la veille de la Première Guerre mondiale, semble au bord de l'éclatement, du moins en ce qui concerne les *dominions* (Canada, Australie, Nouvelle-Zélande, Afrique du Sud et Terre-Neuve). Ces derniers réclament une plus large autonomie, y compris sur le plan des relations internationales. Ils vont pourtant se retrouver en guerre sans avoir pu en aucune manière influencer la décision anglaise. Toutefois, cela ne crée pas de tension avec la mère patrie, car, intelligemment, les autorités britanniques mettent en place des organismes permanents qui permettent aux dominions de participer directement à la conduite de la guerre. L'effort de guerre commun suscite un nouvel esprit unitaire, fait de concessions réciproques, au point que, dans la conférence impériale de 1917, les différentes parties se déclarent prêtes à réaliser, après la guerre, un système de "nations autonomes dans un Commonwealth impérial". En considération de leur contribution à la victoire, les dominions participent à la conférence de Versailles avec le double titre de sujets autonomes et de délégués de l'Angleterre. Lors de l'institution de la Société des Nations, ils sont admis de plein droit à en faire partie. Les autres composantes de l'empire anglais,

THE EMPIRE NEEDS MEN!

AUSTRALIA CANADA INDIA NEW ZEALAND

All answer the call.
Helped by the YOUNG LIONS The OLD LION defies his Foes.
ENLIST NOW.

notamment le véritable empire colonial, comprennent alors une bonne partie de l'Afrique, d'importantes zones en Asie et dans le Pacifique. Les effets de la guerre y sont moins significatifs, sauf en Inde. La participation de cette dernière au conflit a accéléré son occidentalisation. Recrutées par des souverains locaux, les troupes indiennes sont expédiées en France, en Egypte et en Irak. Elles se comportent brillamment et suscitent une réaction d'orgueil national dans les classes moyennes indiennes, au moment même où, sur le front, les horreurs de cette guerre font s'écrouler le mythe de la supériorité morale de l'Europe.
En 1917, l'Angleterre reconnaît la contribution indienne au conflit par une déclaration dans laquelle elle s'engage à favoriser des formes locales de gouvernement ; elle amorce ainsi

le lent processus qui va conduire l'Inde à devenir un membre important de la communauté mondiale.

L'Extrême-Orient

Au début du conflit, toutes les colonies allemandes de la zone pacifique ont été rapidement occupées, par le Japon d'une part, l'Australie et la Nouvelle-Zélande de l'autre. Dans cette partie du monde, le dynamisme japonais est tel qu'il inspire la suspicion même de certains Alliés, comme l'Angleterre et les Etats-Unis.

Ces derniers sont particulièrement préoccupés par les tentatives répétées des Japonais de pénétrer dans l'espace chaotique et instable de la Chine, pays qui finit d'ailleurs par entrer en guerre contre l'Allemagne, après moult hésitations, avec un rôle marginal. Les choses vont se compliquer ultérieurement, après la révolution russe. En 1919, un corps expéditionnaire japonais, anglais et français est envoyé en Sibérie contre les bolcheviks. Il ne sera retiré qu'après la consolidation du régime communiste.

Dans cette zone, une fois sorties de scène l'Allemagne et, momentanément, la Russie, la guerre provoque l'affaiblissement des influences française et anglaise, tandis que se renforcent le rôle des Etats-Unis et surtout celui du Japon.

En découle une dyarchie dangereuse, destinée à provoquer un nouveau conflit, celui de la Seconde Guerre mondiale.

L'Amérique latine

Les pays d'Amérique latine n'ont pas une conduite uniforme face à la Grande Guerre. Le Mexique, le Venezuela et le Chili, plutôt philogermaniques, et l'Argentine, la Colombie, le Paraguay et le Salvador, plus proches de l'Entente, adoptent une attitude de stricte neutralité. Tous les autres Etats du sous-continent suivent, en revanche, l'exemple des Etats-Unis et déclarent la guerre à l'Allemagne. Ils n'envoient cependant pas de troupes en Europe. Seule la marine brésilienne prend part à quelques opérations militaires.

Dans le domaine économique, la guerre détermine un déplacement notable des intérêts latino-américains de l'Europe vers les Etats-Unis. Les investissements américains dans cette zone s'accroissent et les échanges commerciaux se développent vertigineusement.

L'éloignement du théâtre de la guerre favorise le développement économique, et ces pays connaissent dans les années 1920-1930, à quelques exceptions près, une grande prospérité. Le fait le plus significatif réside, là encore, dans l'affaiblissement du rôle de l'Europe. ■

A gauche, en haut : "L'Empire a besoin d'hommes ! Australie, Canada, Inde, Nouvelle-Zélande, répondez à l'appel. Avec l'aide des jeunes lions, le vieux lion va défaire ses ennemis. Engagez-vous maintenant." Avec des affiches comme celle-ci, l'Angleterre cherche de nouvelles forces dans les dominions.
En bas, des soldats indiens défilent à Paris.
Ci-contre : un officier anglais avec deux soldats de l'armée japonaise.

Légende :

- Allemagne avant 1914
- Autriche-Hongrie avant 1914
- Empire russe avant 1914
- États vainqueurs
- Nouveaux États
- ⊠ Territoires soumis à plébiscite
- Territoires contestés après les traités
- ☐ Sous contrôle de la SDN
- Minorités allemandes
- ★ Foyers d'agitation révolutionnaire

0 — km — 500

MER

NORVÈG[E]

Oslo

ROYAUME -

DU

DANEMARK

⊠ SCHLESWIG

★ Hambourg

★ Brême

NORD

ÉTAT LIBRE
D'IRLANDE ● Dublin

U N I

Londres ●

PAYS-BAS

● La Haye

Bruxelles ●

RHUR
ZONE ★ A L L E M A[GNE]

BELGIQUE

Eupen ⊠

Malmédy ★ SA[RRE]

DÉMILITARISÉE

Paris ●

LUXEMBOURG

☐ SARRE ⊠

ALSACE-
LORRAINE

F R A N C E

SUISSE

AUTRI[CHE]

Genève ●

TRENTIN

ISTRI[E]

★ Milan ●

Venise ● Trieste ●

★ Turin ● Fiume ●

Z

(ITAL[IE])

PORTUGAL

ANDORRE

ÉMILIE ★

Lisbonne ●

● Madrid

E S P A G N E

● Rome

Gibraltar ●
(ROYAUME-UNI)

(ESPAGNE)

M E R

(F R A N C E)

M

É

D

MALTE
(ROYAUME-UN[I])

GUERRE MONDIALE (1918-1923)

FINLANDE
BALTIQUE
Petrograd
RUSSIE
Tallin
ESTONIE
Riga
LETTONIE
Moscou
Memel
LITUANIE
Kaunas
Dantzig
PRUSSE ORIENTALE
Vilmo (Vilnius)
Varsovie
Brest-Litovsk
POLOGNE
Kiev
SOVIÉTIQUE
Cracovie
GALICIE
LOVAQUIE
BESSARABIE
Budapest
NGRIE
Odessa
TRANSYLVANIE
ROUMANIE
Sébastopol
Bucarest
Belgrade
SLAVIE
MER NOIRE
Kars
BULGARIE
Sofia
Tirana
ALBANIE
THRACE
Istanbul
Ankara
GRÈCE
TURQUIE
Smyrne
Athènes
SANDJAK D'ALEXANDRETTE
DODÉCANÈSE (ITALIE)
CHYPRE (ROYAUME-UNI)
RRANÉE

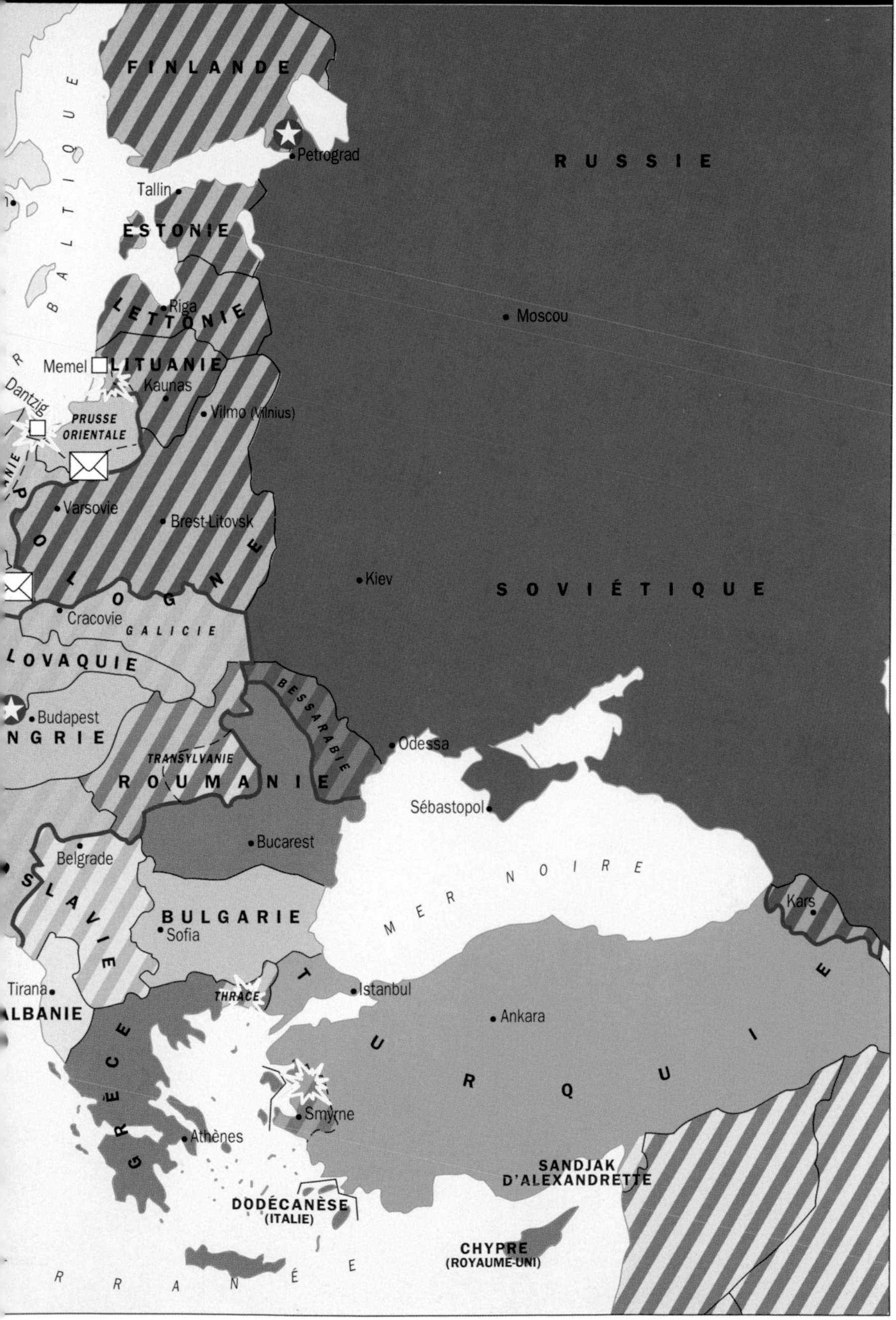

Mémoire de la guerre

Partout, la période de l'après-guerre pose rapidement des problèmes de réorientation de l'opinion publique, des appareils productifs, de la vie quotidienne de l'ensemble des populations.

Ces nouveaux problèmes sont jugés à l'aune des clivages nés dans et à propos de la guerre : avoir été pour ou contre l'intervention, avoir ou non combattu, être ou pas inattaquable dans son dévouement patriotique... Une génération entière a grandi sous le feu. D'autres classes mobilisées, déjà adultes en arrivant sur le front, en ont retiré une expérience qui, après la guerre, semble décisive et inoubliable.

En France et en Italie, tout comme en Allemagne, en dépit des différences induites par les résultats du conflit et le poids des histoires nationales, se développent très vite de puissantes associations d'anciens combattants. Leur raison d'être réside d'abord dans le passé commun qui unit leurs membres.

En Allemagne, la défaite militaire et la disparition du Reich ont radicalisé l'ensemble de la scène politique. La tentative du *Spartakusbund* — la Ligue spartakiste, ral-

Tous les pays engagés dans le conflit ont vu se constituer, après la guerre, de puissantes associations d'anciens combattants. Leurs effectifs seront à la mesure du conflit qui les a fait naître.
Ci-contre : manifestation d'anciens combattants à Rome en 1919.
Sur la page de droite : affiche du Comité d'action des mutilés, invalides et blessés de guerre.

"**N**i le phénomène, ni son ampleur ne sont particuliers à la France. Si le mouvement combattant tranche, par comparaison aux autres groupements volontaires et non partisans de ce pays, son importance n'a rien d'exceptionnel. Tous les pays engagés dans la Première Guerre mondiale ont vu se constituer de puissantes associations de combattants. En Allemagne, à côté du puissant *Stahlhelm*, qui dépasse le million d'adhérents, le *Reichsbund* compte 400 000 membres, et le *Reichsverband* 120 000. Avec quelques autres groupements, l'effectif des combattants allemands devait se situer autour de deux millions. En Autriche, le *Zentralverband* revendiquait 130 000 membres, cependant qu'en

Italie, l'*Associazione nationale fra mutilati* en comptait 450 000, auxquels il convient d'ajouter ceux, beaucoup plus importants, de l'*Associazione nationale combattenti*. L'*American Legion*, ouverte à tous les mobilisés et non aux seuls membres du corps expéditionnaire, dépasse le million d'adhérents en 1931, pour revenir légèrement en dessous au cours des années suivantes. A tout prendre, c'est l'Angleterre qui connut le mouvement combattant le plus faible, puisque les effectifs de la *British Legion* oscillent entre 300 et 400 000 membres

seulement, de 1929 à 1939. L'importance numérique des groupements de combattants n'est donc pas un fait particulier à la France mais un phénomène universel. Partout, les effectifs de ces associations sont à la mesure de la guerre qui les a fait naître." ■

Antoine Prost, *Les Anciens Combattants et la société française. 1914-1939*, III, "Mentalités et idéologies", Presses de la Fondation nationale des Sciences politiques, Paris, 1977, p. 226.

2. Extraausgabe Sonnabend, den **9. November 1918.**

Vorwärts

Berliner Volksblatt.

Zentralorgan der sozialdemokratischen Partei Deutschlands.

Der Kaiser hat abgedankt!

Der Reichskanzler hat folgenden Erlaß herausgegeben:

Seine Majestät der Kaiser und König haben sich entschlossen, dem Throne zu entsagen.

Der Reichskanzler bleibt noch so lange im Amte, bis die mit der Abdankung Seiner Majestät, dem Thronverzichte Seiner Kaiserlichen und Königlichen Hoheit des Kronprinzen des Deutschen Reichs und von Preußen und der Einsetzung der Regentschaft verbundenen Fragen geregelt sind. Er beabsichtigt, dem Regenten die Ernennung des Abgeordneten-Ebert zum Reichskanzler und die Vorlage eines Gesetzentwurfs wegen der Ausschreibung allgemeiner Wahlen für eine verfassunggebende deutsche Nationalversammlung vorzuschlagen, der es obliegen würde, die künftige Staatsform des deutschen Volks, einschließlich der Volksteile, die ihren Eintritt in die Reichsgrenzen wünschen sollten, endgültig festzustellen.

Berlin, den 9. November 1918. **Der Reichskanzler.**

Prinz Max von Baden.

Es wird nicht geschossen!

Ci-dessus : le 8 novembre 1918, le quotidien socialiste berlinois Vorwärts *annonce l'abdication de l'empereur Guillaume II. Ci-contre : un camion armé de mitrailleuses transporte un groupe de "Spartakistes" (socialistes révolutionnaires) devant la porte de Brandebourg à Berlin. Suivant l'exemple de la Russie, des révolutions éclatent, entre 1918 et 1919, tant en Hongrie qu'en Allemagne. Dans ces deux pays, elles seront écrasées rapidement.*

liée au bolchevisme après la révolution russe — d'instaurer une république communiste échoue dans le sang en janvier 1919.

En France, l'entrée en guerre avait été marquée par l'assassinat de Jean Jaurès, le chef de file du parti socialiste ; en Allemagne, la sortie de la guerre s'effectue dans un climat d'opposition radicale que symbolise l'assassinat de Karl Liebknecht et de Rosa Luxemburg, membres du *Spartakusbund* : les deux leaders de l'internationalisme socialiste ne s'étaient pas pliés à la pression de l'état de guerre. Le socialiste français avait été choisi comme cible symbolique par un nationaliste ; les deux socialistes allemands sont exécutés lors d'une répression, conduite par un ministre social-démocrate et mise en œuvre par d'anciens officiers prussiens et des "corps francs" d'extrême droite.

Une peinture satirique de Georg Grosz intitulée A bas Liebknecht (1919). Karl Liebknecht et Rosa Luxemburg, représentants de l'opposition révolutionnaire au sein du Parti social-démocrate allemand, font partie des fondateurs du Spartakusbund (la Ligue spartakiste) qui donnera naissance au parti communiste allemand. Ils se montrent critiques envers l'extrémisme de la majorité spartakiste. Malgré cela, ils prennent part à la révolution de janvier 1919, que le gouvernement social-démocrate réprime dans le sang. Ils sont tous deux capturés par les corps francs et exécutés.

Ces derniers vont prendre un poids croissant dans la politique de la république bourgeoise née sur les cendres de l'empire de Guillaume II : par l'organisation d'attentats et l'assassinat d'hommes politiques en vue, ils lui rendront la vie impossible.

De son côté, la vie politique italienne entre 1919 et 1925 est également secouée par des frémissements de révolte. Ce pays n'a pas perdu la guerre, à la différence de l'Allemagne ou de l'Autriche, mais il se trouve comme eux devant des choix politiques de caractère stratégique.

Les élites libérales, qui ont su obtenir la victoire militaire, ne parviennent pas à en gérer les suites politiques. L'alternative socialiste s'étant effondrée, il ne restera plus qu'à chercher une "troisième voie", la voie fas-

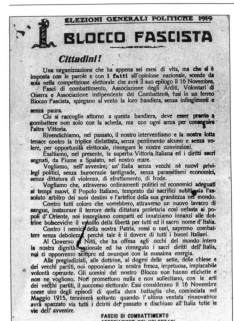

ciste : une prétention d'originalité entre capitalisme et anticapitalisme sur laquelle on est en droit de s'interroger quand on constate que, d'abord, ce sont de grands propriétaires terriens, puis toutes les structures traditionnelles du pouvoir qui vont constituer le fascisme en bouclier contre la radicalisation et la montée — sur le plan électoral également — du mouvement ouvrier et paysan.

Tout comme Mussolini, l'ex-socialiste converti en interventionniste, le fascisme entretient un rapport très étroit avec la guerre. Dans sa phase initiale, "squadriste", il veut imposer la sacralité de la guerre : à ceux qui l'ont voulue et l'ont faite comme aux autres.

Une des grandes différences entre les socialistes et les fascistes, entre patriotes et suspects de "défaitisme", réside dans l'appartenance ou non à la communauté idéale de ceux qui ont combattu avec dévouement. On le constate dans la naissance d'associations d'anciens combattants plus sensibles au sens de la victoire qu'à la souffrance commune. Les escarmouches épigraphiques, par exemple autour de plaques de

Un climat de grande tension caractérise aussi l'Italie d'après-guerre. La déception quant aux résultats du conflit se double d'une crise de reconversion de l'appareil productif et d'une inflation galopante. Dans tout le pays se multiplient les manifestations de mécontentement (ci-contre, à Milan en 1919), qu'exploite le mouvement fasciste naissant (ci-dessus, affiche électorale de novembre 1919).

Un groupe de "gardes rouges" occupe une usine à Turin en 1920. Les occupations d'usine durant le biennio rosso *(1919-1920: deux années d'agitation de gauche) se terminent par un effondrement du mouvement socialiste, désormais voué à un irrésistible déclin politique.*

protestation commémorant une exécution capitale — dans les régions où les gauches sont plus fortes, plus orgueilleuses de leur identité, et n'hésitent pas à montrer leur mémoire dissidente —, en témoignent aussi. Les squadristes locaux essaient de les arracher ou de les briser, quand le préfet n'y a pas encore pensé.

Dans l'entre-deux-guerres, ce conflit autour du sens ou du non-sens de la guerre ne peut survivre qu'à travers la mémoire secrète de la partie la plus politisée et la plus antagoniste des survivants, mais cette mémoire ne se voit pas.

En revanche, ce que l'on voit bien, c'est une véritable floraison de monuments aux morts sur les places des

DES IDÉOLOGIES BRISÉES PAR LA GUERRE

Selon le chantre du futurisme Marinetti, la défaite des idéologies est l'un des grands résultats de cette guerre. Ce texte de 1919 fut placé en ouverture de Democrazia futurista :
"(...) La conflagration a entraîné la glorification de la force brutale et du droit mêlés. Le conflit a commencé par une agression de la Force brutale contre le Droit. Le Droit, audacieuse invention du cerveau humain, comme l'Amour-Pur-Eternel-et-Unique, est un frein idéal créé pour circonscrire la Force brutale. Le Droit, cependant, exagère ses prétentions dans le sens du quiétisme, du piétisme, du pacifisme internationaliste, du ramollissement physiologique, de l'hypertrophie du cerveau au détriment de la musculature. Ainsi, graduellement, le droit menace d'émasculer, de détourner et de ramollir l'humanité.

Les Empires centraux furent évidemment choisis par le Grand Equilibre Universel pour rétablir les droits de la Force brutale contre les excès du Droit. (...)

L'Entente, formée de races malades du pacifisme et maîtresse absolue du Droit, fut plus d'une fois battue et presque terrassée, apprenant ainsi, à ses dépens, à évaluer la Force brutale et la nécessité de la violence, apprenant, en outre, à dévaluer un peu la fragile bien qu'indéniable divinité du Droit." ■

communes italiennes, y compris des plus petites : ils ont été construits sous les gouvernements libéraux de l'après-guerre, puis durant le fascisme.

Le même phénomène se produit en France, tant en quantité que sur la durée, avec la construction de quelque 35 000 monuments. Les différences ne manquent cependant pas entre ces deux répertoires de mémoire collective, fixés dans le bronze ou dans la pierre.

En Italie, le contexte politique autoritaire a certainement contribué à la disposition hiérarchique des noms

de morts locaux, qui va des officiers aux soldats de deuxième classe. A la différence des monuments aux morts français, sur les obélisques et les stèles italiennes, il n'y a pas d'égalité, y compris dans la mort. Ou mieux, il s'agit d'une égalité de type corporative : les morts sont unis mais restent distincts les uns des autres.

Le fascisme victorieux va imposer sa propre interprétation de la guerre et se poser en garant officiel de sa mémoire. Il rend impensable la rédaction et la survie de textes protestataires sur les monuments, comme il interdit l'évolution pacifiste des associations d'anciens combattants. Si, après 1921, le conflit sur les images et la mémoire de la guerre reste masqué, il n'en suscite pas moins des formes discrètes et allusives. Le mot *morti* (morts) — qui existe sur les monuments français — est presque toujours remplacé par un euphémisme dramatisant, *caduti* (tombés). Bien des statues, au grand dam des patriotes fervents, semblent exprimer la douleur et le deuil plutôt que l'héroïsme et la gloire. En France, au contraire, les associations d'anciens combattants ont pu évoluer dans une direction pacifiste. On repère sur certaines stèles des inscriptions hostiles à la guerre comme "guerre à la guerre" ou "maudite soit la guerre".

Les anniversaires du 4 novembre en Italie et du 11 novembre en France, qui voient se retrouver le peuple et les dirigeants, civils et militaires, et surtout les anciens

Dans l'entre-deux-guerres, les places des villes, villages et communes se recouvrent de monuments aux morts. En France, à l'inverse de l'Italie, certaines associations d'anciens combattants ont pu prendre une coloration pacifiste. Il n'est pas rare de lire, sur certaines stèles, des inscriptions hostiles à la guerre, comme "maudite soit la guerre" ou "guerre à la guerre"...

combattants, semblent donc avoir des significations différentes dans chacun des deux pays. Dans l'Italie nationale fasciste, c'est la fête de la victoire. En France — et pas seulement dans la France du Front populaire —, on commémore surtout la fin de la guerre.

On pourrait alors conclure par l'observation que les positions des deux pays semblent s'être inversées. Sous l'effet de deux contextes historiques et de développements politiques différents dans l'après-guerre et l'entre-deux-guerres, la mémoire prend forme et s'ancre en contrepoint du conflit.

La France qui, par obligation, fut plus rapide à entrer en guerre et plus unie pour la mener, apparaît relativement moins acharnée et dogmatique dans le souvenir. A l'inverse, l'Italie, qui avait débattu pendant dix longs mois de l'opportunité d'intervenir et qui par la suite, entre 1915 et 1918, s'est montrée plus divisée, efface les contrastes se reflétant dans une mémoire publique qui se veut unanime.

Au début de l'année 1918, la situation intérieure des Empires centraux paraît au bord du désastre. En mars, les Allemands jouent leur dernière carte, en France, lors de la "bataille du Kaiser" mais ils sont à nouveau stoppés sur la Marne. De la même façon, les Autrichiens engagent leurs ultimes forces, en Italie, dans la bataille de la Piave qui se conclut par une cuisante défaite. Dès lors, l'initiative passe dans le camp des armées de l'Entente, qui lancent une contre-offensive destinée à conclure la guerre. Les premiers à céder sont la Bulgarie (septembre) et la Turquie (octobre). Peu après, le 4 novembre, l'Empire austro-hongrois demande l'armistice. Il est suivi par l'Allemagne, le 11 novembre. Dans ce pays, trois jours plus tôt, une révolution populaire a mis fin au pouvoir du Kaiser. Au lendemain de la fin des hostilités, le bilan des destructions et surtout des pertes humaines est énorme. Sur les 65 millions d'hommes mobilisés pendant la guerre, on décompte presque 9 millions de morts et environ 6 millions de mutilés. Le bilan des morts est particulièrement lourd pour l'Allemagne, l'Autriche, la Russie et la France, où leur nombre représente à peu près 16 % du total des combattants. En voici un tableau récapitulatif (les données sont arrondies) :

Allemagne	1 800 000
Russie	1 700 000
France	1 350 000
Autriche-Hongrie	1 300 000
Empire anglais	1 000 000
Italie	650 000
Serbie	350 000
Turquie	320 000
Roumanie	250 000
Etats-Unis	120 000

Dans les derniers mois du conflit, un autre fléau, intimement lié aux conditions de vie, frappe les hommes : la grippe "espagnole", une forme de

LA TANKOLINA

grippe particulièrement dévastatrice qui va faire, selon les estimations, plus de vingt millions de morts. La plus grande partie des décès — environ 15 millions — se situe en Asie, l'Europe étant elle-même particulièrement touchée : 450 000 en Russie, 375 000 en Italie, 225 000 en Allemagne, 230 000 en Angleterre, 170 000 en Espagne et en France. C'est donc épuisée que l'Europe aborde cet après-guerre, avec des vainqueurs fermement décidés à se refaire sur les vaincus.

Le 18 janvier 1919, la conférence de paix s'ouvre à Paris avec pour seules participantes les puissances victorieuses. Il devient rapidement clair que les "14 points", énoncés dans l'enthousiasme l'année précédente par le président américain Wilson, sont destinés à rester, au moins en partie, lettre morte. Ils devaient pourtant servir à promouvoir un nouvel ordre international. Les principes wilsoniens de l'autodétermination des peuples et du respect des entités nationales dans la fixation de nouvelles frontières se heurtent, en fait, à l'esprit de la diplomatie européenne, soucieuse avant tout de gains terri-

toriaux et économiques. En conséquence des accords de Versailles, les Empires austro-hongrois et turc cessent d'exister et sont démembrés, sous la pression des différents groupes ethniques locaux. Des conditions de paix très dures sont faites à l'Allemagne. La nouvelle République allemande est privée de 13 % de son territoire. D'importants centres industriels comme ceux d'Alsace-Lorraine, 75 % des gisements de fer et 25 % des mines de charbon lui sont de ce fait retirés. Ses colonies sont distribuées entre les vainqueurs, sous la surveillance de la nouvelle Société des Nations. Son armée est réduite

à son expression minimum avec une limitation de son armement offensif. Enfin, sur des bases discutables, la responsabilité du conflit est attribuée aux Empires centraux et le paiement d'une indemnité de guerre se montant au chiffre fantastique de 6,6 milliards de sterling est exigé de l'Allemagne. Mais, au sein même du groupe des vainqueurs, tout le monde n'est pas également satisfait de l'issue des traités de paix.

La Russie, engagée dans une sanglante guerre civile, ne participe pas à la conférence de Paris, tandis que les Etats-Unis finiront par refuser de ratifier le traité de Versailles. En Italie en particulier, le thème de la "victoire mutilée" revient avec insistance, et la délimitation des frontières avec la Yougoslavie naissante pose de nombreux problèmes. Dans leur ensemble, les différents traités de paix signés dans les années d'après-guerre se révèlent bien vite un échec complet, au moins en ce qui concerne leur principal objectif : éviter un nouveau conflit. ■

A gauche, en haut : des artilleurs italiens sur la Piave ; en bas : un dessin humoristique sur la défaite allemande, tiré du journal La Trincea. Ci-dessus, les présidents Poincaré et Wilson célèbrent la victoire.

DÉCLARATIONS DE GUERRE EN 1918

- **23 avril** Guatemala à Allemagne
- **8 mai** Nicaragua à Allemagne et Autriche
- **23 mai** Costa Rica à Allemagne ■ **12 juillet** Haiti à Allemagne
- **23 juillet** Honduras à Allemagne

— AA. VV., *Comitati segreti sulla condotta della guerra (giugno-dicembre 1917)*, Chambre des députés, Archives historiques, Rome, 1967.

— AA. VV., *Documents relatifs à la guerre 1914-15-16. Rapports et procès-verbaux d'enquête de la Commission instituée en vue de constater les actes commis par l'ennemi en violation du droit des gens*, République Française, 3 vol., Paris, 1915-16.

— AA. VV., *Guerre et cultures, 1914-1918*, s.d J.-J. Becker er Alii, Armand Colin, Paris, 1994.

— AA. VV., *L'esercito italiano nella grande guerra (1915-1918)*, ministère de la Guerre, Bureau historique, Rome, 1927 et suivantes.

— Allemand J., *Les services spéciaux français pendant la Première Guerre mondiale*, Histoire et défense, 15, 1987.

— Becker A., *Les monuments aux morts, mémoire de la Grande Guerre*, Errance, Paris, 1988 ; *La guerre et la foi. De la mort à la mémoire 1914-1930*, Armand Colin, Paris, 1994 ; *Croire*, CNDP, Amiens, 1996.

— Becker J.-J., *Le Carnet B (Les pouvoirs publics et l'antimilitarisme avant la guerre de 1914)*, Klincksieck, Paris, 1973 ; *Les Français dans la Grande Guerre*, Laffont, Paris, 1980 ; *La France en guerre (1914-1918). La grande mutation*, Complexe, Bruxelles, 1988.

— Bethke Elshtain J., *Donne e guerra*, trad. it. (1987), Il Mulino, Bologne, 1991.

— Bianchi B., *Crescere in tempo di guerra. Il lavoro e la protesta dei ragazzi in Italia. 1915-1918*, Cafoscarina, Venise, 1995.

— Bloch M., *Réflexions d'un historien sur les fausses nouvelles de la guerre*, in ID., Mélanges historiques, I, SEVPEN, Paris, 1963.

— Bouthoul G., *Les guerres : éléments de polémologie*, Payot, Paris, 1951.

— Bravo A. (sous la direction de), *Donne e uomini nelle guerre mondiali*, Laterza, Bari, 1965.

— Croce B., *L'Italia dal 1914 al 1918. Pagine sulla guerra (1919)*, Laterza, Bari, 1965.

— Fabi L. (sous la direction de), *La gente e la guerra*, vol 2, Il Campo, Udine, 1990.

— Fabi L., *Gente di trincea. La Grande Guerra sul Carso e sull'Isonzo*, Mursia, Milan, 1994.

— Ferro M., *La Grande Guerre 1914-1918*, Gallimard, Paris, 1969 et 1990.

— Fischer F., *Griff nach der Weltmacht. Die Kriegszielpolitik des kaiserlichen Deutschlands 1914-1918*, Droste Verlag, Düsseldorf, 1962.

— Forcella E., Monticone A., *Plotone d'esecuzione. I processi della prima guerra mondiale*, Laterza, Bari, 1968.

— Fussell, P., *La Grande Guerra e la memoria moderna*, trad. it. (1975), Il Mulino, Bologne, 1984.

— Gibelli A., *L'officina della guerra. La Grande Guerra e le trasformazioni del mondo mentale*, Bollati Boringhieri, Turin, 1991.

— Isnenghi M., *I vinti di Caporetto*, Marsilio, Venise, 1967 ; *Il mito della Grande Guerra* (1970), Il Mulino, Bologne, 1989 ; *Giornali di trincea*, Einaudi, Turin, 1977 ; *Le guerre degli Italiani. Parole, immagini, ricordi (1848-1945)*, Mondadori, Milan, 1989 ; (sous la direction de), *Operai e contadini nella Grande Guerra*, Cappelli, Bologne, 1982.

— Leed Eric J., *No man's land : combat and identity in World War I*, Cambridge University Press, Cambridge, 1979.

— Leoni D., Zadra C., *La Grande Guerra. Esperienza, memoria, immagini*, Il Mulino, Bologne, 1986.

— Maier C., *Recasting Bourgeois Europe : stabilisation in France, Germany and Italy in the decade after World War I*, Princeton University Press, Princeton, 1975.

— Maurin J. (sous la direction de), *L'économie de guerre du XVIᵉ siècle à nos jours*, Centre d'histoire militaire, Montpellier, 1989.

— Mayer A. J., *La persistance de l'Ancien Régime : l'Europe de 1848 à la Grande Guerre*, Flammarion, Paris, 1983.

— Melograni P., *Storia politica della Grande Guerra 1915-1918*, Laterza, Bari, 1969.

— Monteleone R., *Lettere al re. 1914-1918*, Editori riuniti, Rome, 1973.

— Mosse G. L., *Le guerre mondiali dalla tragedia al mito dei caduti*, trad. it., Laterza, Bari, 1990.

— Pedroncini G., *Les mutineries de 1917*, PUF, Paris, 1967.

— Pieri P., *L'Italia nella prima guerra mondiale*, Einaudi, Turin, 1965.

— Pignotti L., *Figure d'assalto. Le cartoline della Grande Guerra*, Musée de la Guerre, Rovereto, 1985.

— Preston R. A., Wise S. F., *Men in arms. A history of warfare and its interpretationships with western society*, Thames and Hudson, Londres, 1962.

— Procacci G., *Stato e classe operaia in Italia durante la prima guerra mondiale*, Angeli, Milan, 1983 ; *Soldati e priginieri italiani nella Grande Guerra. Con una raccolta di lettere inedite*, Editori riuniti, Rome, 1993.

— Prost A., *Les Anciens Combattants et la société française*, 3 vol., Presses de la Fondation nationale des Sciences politiques, Paris, 1977.

— Ritter G., *Staatskunst und Kriegshandwerk. Das Problem des "Militarismus" in Deutschland*, Vol. 3 *Die Tragödie der Staatskunst. Bethmann Hollweg als Kriegskanzler (1914-1917)*, München Oldenbourg, Munich, 1964.

— Rochat G., *L'Italia nella prima guerra mondiale. Problemi di interpretazione e prospettive di ricerca*, Feltrinelli, Milan, 1976 ; *Gli studi di storia militare sull'Italia contemporanea (1914-1945). Bilancio e prospettive*, Rivista di storia contemporanea, XVIII, 4, 1989.

— Rusconi G. E., *Rischio 1914. Come si decide una guerra*, Il Mulino, Bologne, 1987.

— Staderini A., *Combattenti senza divisa. Roma nella Grande Guerra*, Il Mulino, Bologne, 1995.

— Tosi L., *La propaganda italiana all'estero nella prima guerra mondiale. Rivendicazioni territoriali e politica delle nazionalità*, Del Bianco, Udine, 1971.

— Veneruso D., *La Grande Guerra e l'unità nazionale. Il ministero Boselli giugno 1916-ottobre 1917*, Sei, Turin, 1996.

— Vigezzi B., *L'Italia di fronte alla prima guerra mondiale. I. L'Italia neutrale*, Ricciardi, Naples, 1966.

— Wohl R., *The Generation of 1914*, Weidenfeld and Nicolson, Londres, 1980.

1914
28 juin François-Ferdinand, héritier du trône d'Autriche-Hongrie, est assassiné à Sarajevo par un nationaliste bosniaque.
23 juillet Ultimatum de l'Autriche à la Serbie.
28 juillet L'Autriche déclare la guerre à la Serbie.
30 juillet L'Allemagne demande à la Russie d'interrompre sa mobilisation.
1er août L'Allemagne déclare la guerre à la Russie ; l'Italie se déclare neutre.
2 août L'Allemagne occupe le Luxembourg et demande à la Belgique de laisser passer ses troupes.
3 août L'Allemagne envahit la Belgique et déclare la guerre à la France.
4 août La Grande-Bretagne déclare la guerre à l'Allemagne.
6 août L'Autriche déclare la guerre à la Russie.
20 août Les Allemands occupent Bruxelles.
22 août Commencement des batailles de Namur et Mons ; les Français se replient.
27 août Les Allemands prennent Lille.
28 août Les Allemands défont les Russes à Tannenberg.
5 septembre Commencement de la bataille de la Marne.
27 septembre Les Russes traversent les Carpates et envahissent la Hongrie.
9 octobre Anvers se rend aux Allemands.
Fin octobre Les Allemands sont arrêtés sur l'Yser.
1er novembre L'amiral allemand von Spee bat les Anglais au large des côtes chiliennes.
2-5 novembre L'Entente déclare la guerre à la Turquie. La Grande-Bretagne annexe Chypre occupée depuis 1878.
6 décembre Les Allemands conquièrent Lodz, en Pologne.
8 décembre La flotte allemande est battue près des îles Malouines.
17 décembre L'Egypte est déclarée protectorat anglais.

1915
18 janvier Le Japon envoie à la Chine l'ultimatum des "21 demandes", dans lequel il se propose de l'assujettir.
Février Les Allemands gagnent la bataille des lacs mazures contre les Russes.
19 février Bombardement franco-anglais des Dardanelles.
11 mars L'Angleterre déclare le blocus de l'Allemagne.
25 avril Les Anglo-Français débarquent à Gallipoli.
26 avril Les puissances de l'Entente et l'Italie signent le pacte de Londres.
2 mai Offensive victorieuse des Austro-Hongrois en Galicie.
7 mai Un sous-marin allemand coule le transatlantique *Lusitania*.
23 mai L'Italie déclare la guerre à l'Autriche.
1er juin Première attaque aérienne sur Londres avec des zeppelins.
29 juin Première bataille de l'Isonzo.
9 juillet Les colonies allemandes de l'Afrique du Sud-Ouest se rendent.
18 juillet Deuxième bataille de l'Isonzo.
5 août Les Allemands entrent dans Varsovie.
6 septembre A Tarnopole, les Russes arrêtent l'avance austro-allemande.
22 septembre Début de l'offensive française en Champagne.
5 octobre Les troupes alliées débarquent à Salonique.
9 octobre Occupation de Belgrade.
Octobre-novembre Troisième et quatrième batailles de l'Isonzo.

1916
19 janvier Offensive russe en Galicie.

1916	**9 février**	Service militaire obligatoire en Angleterre.
	16 février	Les Russes prennent Erzerum en Turquie.
	21 février	Commencement de la bataille de Verdun.
	15 mars	Cinquième bataille de l'Isonzo.
	24 avril	Dublin s'insurge contre la domination anglaise.
	15 mai	Début de "l'expédition punitive" contre l'Italie.
	31 mai	Bataille navale du Jutland.
	1er juillet	Commencement de l'offensive anglaise sur la Somme.
	6 août	Sixième bataille de l'Isonzo.
	27 août	La Roumanie entre en guerre contre l'Autriche.
	28 août	L'Italie déclare la guerre à l'Allemagne.
	Septembre-octobre	Septième et huitième batailles de l'Isonzo.
	24 octobre	Dans la zone de Verdun, les Français passent à la contre-attaque.
	1er novembre	Neuvième bataille de l'Isonzo.
	21 novembre	Mort de François-Joseph, empereur d'Autriche-Hongrie.
	6 décembre	Les Allemands prennent Bucarest.
	12 décembre	Note sur la paix de l'Allemagne aux Alliés.
	20 décembre	Note sur la paix de Wilson aux belligérants.
1917	**31 janvier**	L'Allemagne annonce le début de la guerre sous-marine totale.
	12 mars	Révolution en Russie.
	16 mars	Abdication de Nicolas II, tsar de Russie.
	6 avril	Les Etats-Unis déclarent la guerre à l'Allemagne.
	Avril	Offensives anglaise et française contre les Allemands.
	14 mai	Dixième bataille de l'Isonzo.
	3 juin	La première division américaine débarque en France.
	1er août	Note du pape Benoît XV sur la paix.
	19 août	Onzième bataille de l'Isonzo.
	3 septembre	Les Allemands conquièrent Riga.
	15 septembre	Kerenski proclame la République russe.
	24 octobre	Le front italien est rompu à Caporetto.
	7 novembre	Lénine s'empare du pouvoir en Russie.
	5 décembre	Armistice entre les Russes et les Allemands.
	9 décembre	Armistice entre la Roumanie et les Empires centraux.
1918	**8 janvier**	Wilson propose ses célèbres "14 points".
	9 février	L'Ukraine indépendante signe la paix.
	3 mars	La Russie signe la paix de Brest-Litovsk.
	21 mars	Début de la grande offensive allemande à l'ouest.
	14 avril	Les Allemands occupent Helsinki.
	1er mai	Les Allemands occupent Sébastopol.
	27 mai	Nouvelle offensive allemande à l'ouest.
	15 juin	Offensive autrichienne sur le *monte Grappa* et sur les rives de la Piave.
	15 juillet	Seconde bataille de la Marne.
	2 août	Les Japonais débarquent en Sibérie.
	8 août	Début de l'offensive alliée à Amiens.
	29 septembre	La Bulgarie signe l'armistice.
	20 octobre	L'Allemagne suspend la guerre sous-marine.
	24 octobre	Les Italiens attaquent sur le *monte Grappa* et sur la Piave.
	30 octobre	La Turquie signe l'armistice.

1918

2 novembre	Abdication de l'empereur Charles Iᵉʳ.
3 novembre	L'armée austro-hongroise est défaite ; signature de l'armistice.
6 novembre	Les Américains occupent Sedan.
9 novembre	Abdication et fuite du Kaiser.
11 novembre	L'Allemagne signe l'armistice.
14 novembre	Les dernières troupes allemandes se rendent en Rhodésie du Nord.

Les chiffres en romain renvoient au texte courant, les chiffres en *italique* aux légendes, les chiffres en **gras** aux documents.

Imprimé en Italie par GIUNTI INDUSTRIE GRAFICHE S.p.A. — Stabilimento di Prato, mars 1997